情商高

就是会说话会办事

邢延国 编著

南京出版传媒集团
南京出版社

图书在版编目（CIP）数据

情商高就是会说话会办事 / 邢延国编著. —南京：南京出版社，2018.5

ISBN 978-7-5533-2185-1

Ⅰ. ①情… Ⅱ. ①邢… Ⅲ. ①语言艺术-通俗读物 Ⅳ. ①H019-49

中国版本图书馆CIP数据核字（2018）第060927号

书　　名：情商高就是会说话会办事
作　　者：邢延国
出版发行：南京出版传媒集团
南 京 出 版 社
社址：南京市太平门街53号　**邮编**：210016
网址：http://www.njcbs.cn　**电子信箱**：njcbs1988@163.com
天猫1店：https://njcbcmjtts.tmall.com　**天猫2店**：https://nanjingchubanshets.tmall.com
联系电话：025-83283893、83283864（营销）025-83112257（编务）

出 版 人：项晓宁
出 品 人：卢海鸣
责任编辑：严行健
装帧设计：罗　雷
责任印制：杨福彬

策　　划：日知图书（www.rzbook.com）
印　　刷：文畅阁印刷有限公司
开　　本：710毫米×1000毫米　1/16
印　　张：16
字　　数：160千字
版　　次：2018年5月第1版
印　　次：2019年2月第2次印刷
书　　号：ISBN 978-7-5533-2185-1
定　　价：49.00元

营销分类：励志

前言

古希腊伟大的唯物主义哲学家德谟克利特曾说过：“要使人信服，一句话常常比黄金更有效。”美国成功学大师卡耐基也曾告诉我们：“专业知识在一个人成功中的作用只占15%，而其余的85%则取决于人际关系。”良好人际关系的建立和获得，很大程度上取决于对语言艺术的正确运用。

语言，是人们交流思想、沟通感情最重要的工具之一。只有很好地运用语言，才能让社交活动顺利进行。一个人即使学富五车、满腹经纶，但木讷寡言、不善言辞，也很难在现代社会中生存和发展。当今社会，人才竞争日趋激烈，越来越多的职业要求从业者具有良好的语言表达和沟通能力，推销员、业务员等职业更是如此。这种情况下，不会说话的人将会举步维艰。有人说：“口才就是第一生产力”，事实上的确如此。

一个人的说话办事水平，可以决定他的生活层次；一个企业员工的说话办事水平，可以决定企业的生存发展；一个公民的说话办事水平，则决定着这个国家的国际竞争力和影响力。大到修身、齐家、治国、平天下，小到求职、恋爱、晋升、谋发展，都离不开良好的说话办事能力。

现代社会中，我们往往会陷入一种误区，以为会说话就是口若悬河、滔滔不绝，其实不然，把握分寸地说话才是真正会说话。用最简练的语言表达最完整的意思，用适当的沉默来代替无谓的争辩，用倾听与微笑点头来鼓励对方表达，等等，这些都是说话办事的艺术。

会做事则更加不易。事情发生的时间、地点、涉及的人物，都是我们应该综合考虑的因素，忽略任何一环，都有可能导致失败。

会说话、会办事是一个人情商高的表现，更是人生成功的秘诀，是必须精通的一门艺术。谁能巧妙地运用这门艺术，谁便会拥有良好的人际关系、蒸蒸日上的事业、甜蜜幸福的婚姻……

C·O·N·T·E·N·T·S

目 录

第一章 好口才是一生的资本

口才是魅力的展现 / 2

口才左右着人生成败 / 4

说好话不如会说话 / 7

合适的话题让你所向披靡 / 11

良好的谈吐为你扫清障碍 / 15

雄辩是一种生存之道 / 20

沉默是强有力的武器 / 23

自嘲是一种生活态度 / 28

口才是一种综合能力 / 31

练就一副好口才 / 35

包装语言，提升无形资本 / 38

第二章 职场中的语言魅力

好口才为你赢得机遇 / 42
好口才是成事的基础 / 46
言不在多，达意则灵 / 49
用真诚的语言换取信任 / 52
“坦诚”二字值千金 / 55
倾听也是一种交流 / 58
不随意打断客户的话 / 61
对下属说话要留余地 / 64
谦虚让职场之路更开阔 / 67
赞美让人生之路更畅通 / 70

第三章 巧用幽默的力量

幽默是一件美丽的外衣 / 74
幽默是智慧的化身 / 77
幽默的人最豁达乐观 / 81
幽默为你梳理人际关系 / 84
幽默帮你赢得芳心 / 88
用幽默营造家庭的和谐 / 92
幽默是圆滑的智慧 / 96
用幽默表达自己的不满 / 99

把幽默当作反击武器 / 103
良好的心态来自幽默 / 107

|第四章| 既要说到也要做到

找对正确的人生方向 / 112
行动是成功的必由之路 / 116
行动要选择最佳时机 / 119
成功永远属于有准备的人 / 122
做好每一个细节 / 125
敢于冒险和尝试 / 128
把困难当作一种挑战 / 132
急流勇退是明智之举 / 136
恪守承诺，说到就要做到 / 139

|第五章| 倾听助你有效沟通

倾听是礼貌的表现 / 144
认真聆听是对他人的尊重 / 148
把说话的机会留给别人 / 151
良好的沟通，从倾听开始 / 155
倾听也是一种交流 / 158
学会倾听，拥有智慧 / 162

第六章 大智若愚，学会糊涂对待

糊涂是大智若愚的展现 / 168
糊涂是一种处世策略 / 174
适当睁一只眼闭一只眼 / 178
糊涂比要聪明更显智慧 / 180
为人处世需要傻瓜精神 / 184
遇事不要太认真 / 188
吃亏是福，不计较得与失 / 194
忍让克制是良好的修养 / 199
含糊其辞胜过直言不讳 / 203
豁达胸怀，一笑而过 / 207
从糊涂中获取更多快乐 / 211

第七章 打破常规，独辟蹊径

培养自己的创新思维 / 216
拥有野心，方可突围 / 221
创造更多的附加值 / 225
要从不同方向找出路 / 230
打好手中的牌 / 234
学会换个角度看问题 / 243

第一章

好口才是一生的资本

具备优秀口才的人让听者如沐春风、极为受用，小则可以让别人身心愉悦、有求必应；大则可以推动社会进步、改变国际局势。而那些不具备良好口才的人，小则会引起他人反感，大则会惹祸上身。舌头是圆的，也是软的，又圆又软的舌头能把“丑话”说成“好话”，也能把“好话”说成“丑话”。总之，好的口才是我们一生的资本。

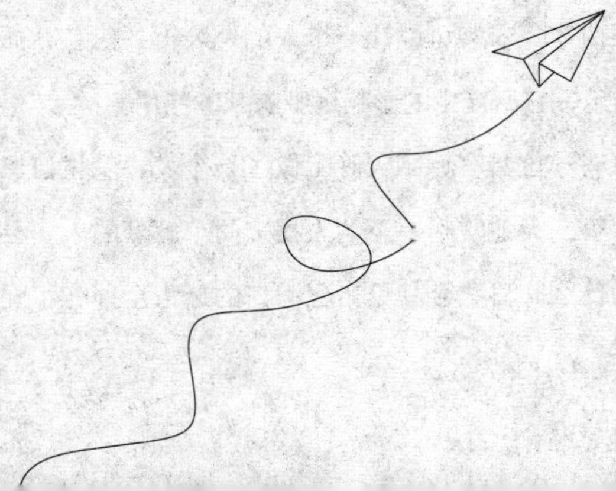

口才是魅力的展现

/

一个人怎么说话，
说什么话，
当然毫无例外地显示着他的品位和修养。

——希尔顿

/

纵观古今中外那些可以左右逢源的人，往往都是能言善辩、舌灿莲花之辈。这是因为一个人拥有出众的口才，便能更加轻易地引起别人的注意、获得别人的赞同，从而达到事半功倍的效果。对他们来说，优秀的口才就是他们胜人一筹的秘籍。即便是一样的语言，从不同的人口中说出来，配以不同的表情、声调，所带来的效果也有云泥之别，可见语言的魅力。

过去人们说：佛要金装，人要衣装；现在人们却这么说：佛要金装，人要口才。衣装可以让一个人的外表得到包装，而语言却是一个人内在的展示，它所产生的影响远胜衣装的作用。

古代有一位县官，某天晚上做了一个梦，梦见自己嘴里的牙齿全部掉光了。第二天他吩咐手下的人找来两个解梦的人。县官问道：“你们说说，为什么昨日我会梦见自己满口的牙齿全掉光了呢？”第一个解梦的人不假思索地抢先答道："大老爷，您这个梦的意思是，在您所有的亲属都死去以后，您才能死，一个都不剩。"县官一听，勃然大怒，气急败坏地命人杖打了这个解梦人100大棍，然后把他赶了出去。县官又看了看第二个解梦的人，说："你来说说。"第二个解梦的人不慌不忙地答道："青天大老爷，您这个梦的意思是，您将是您所有亲属当中最长寿的一位呀！"县官听了很高兴，便拿出了100两银子，赏给了第二个解梦的人，并好吃好喝招待了他一番之后才命人送他回去。

同样的事情，同样的内容，为什么一个会挨打，另一个却受到嘉奖呢？其实，只因为挨打的人不会说话，受奖的人会说话而已。

那些掌握了语言艺术的人，每当他们开口，总能用得体的言辞来抚慰别人，他们的妙语连珠，对听者来说是一种至上的享受，即便是谈天说地，也可以让人身心愉悦。

智慧箴言

口才是一个人的思想、智慧、知识、性格、气质等综合素质的集中反映。是人才不一定都有好口才，但口才好的人必定是人才。口才是现代智能型人才的必备素质，也是走向成功之路的有力保障。

口才左右着人生成败

你要想达到自己的目的，
最好先掌握说话的技巧，
然后用温和的态度与人交谈。
——莎士比亚

随着社会的进步和发展，口才已成为决定一个人生活及事业成败的重要因素。拥有好的口才已经成为衡量人才的基本标准之一，也是一个人走向成功的基础。

拥有好口才，有助于我们身心愉悦、工作顺利，事业成功！正如别人所说：好的口才是人生一大资本，它可使经商者顾客盈门，财通三江；可以使人们合家欢乐，其乐融融。好口才如战鼓催征，雄兵开拔；如江水直下，一泻千里；如绵绵春雨，滋润心田。

成功学者们常说：“事业的成功与失败，往往取决于某一次谈话。”这话一点儿也不夸张。美国人类行为科学研究者汤姆士指出：“说话的能力是成名的快捷方式，它能使人显赫，鹤立鸡群。能言善辩的人，往往使人尊敬、受人爱戴、得人拥护。它使一个人的才学充分拓展、熠熠生辉、事半功倍、业绩卓著。”

1940年是美、英、苏等国家联合抗击纳粹德国的关键时刻，由于英国处在欧洲反法西斯的最前线，人力、物力都消耗巨大，此时国内的黄金已经濒临枯竭，根本没有经济能力按照“现购自运”的原则从美国获取必需的军事装备。而作为美国总统的罗斯福深知唇齿相依的道理，在反法西斯战争旷日持久的情况下，自己的重要盟友英国一旦被纳粹击溃，希特勒便会一朝得势，这必然严重威胁到美国的切身利益。因此，美国必须全力支持英国，为他们提供必要的军事装备。

但是，在美国国内，有一些目光短浅的国会议员，他们只盯着眼前利益，丝毫不去关心反法西斯盟友和欧洲糟糕的战局，他们只想在英国人身上赚取一笔军火钱。罗斯福深知，应该先说服他们，使《租借法》得以顺利通过，只有这样才能全力支持英国。为此，他在12月17日特别举行了一次意义重大的记者招待会，目的是为《租借法》拉“选票”，以赢得大众的支持。

开始，罗斯福简要介绍了《租借法》，紧接着他用浅显的比喻来陈述自己的设想：“假如我的邻居家不幸失火，而恰巧在不远处的我家有一根浇花的水管，此时要是赶紧借给邻居拿去接上水龙头，就可以帮他灭火，也可以避免火势蔓延到我家，造成我家的重大损失。但问题是，在借出水管前，要不要跟这位邻居商讨一下水管的价格呢？‘喂，朋友，这根管子是花20美元买的，你得先照价付钱才能使用。’而此时十万火急，邻居去哪里找钱？我想可以这样，只要他灭火之后原物奉还，还是不要他的20美元为好。如果灭火后水管还好好的，并没有损坏，他会连声道谢；如果他把东西弄坏了，他得照价赔偿，我也不会吃亏。你们认为呢？”

这个比喻可谓举一反三，浅显易懂，大家都赞成罗斯福的设想。后来经新闻媒体报道，很快传遍全球。此番妙语不仅成功说服了议员们无条件支持《租借法》的顺利通过，而且还赢得了丘吉尔和斯大林等反法西斯国家首脑的高度评价，并被后人传为佳话。

从罗斯福的故事中我们可以悟出这样一个道理：决定一项事业或一个计划成败的主要因素，真的可能只取决于一次谈话。如果我们出言不逊，与人争吵，那么，我们将不可能获得别人的同情、理解、合作与帮助。无数成功者的事实证明，善于说话是事业成功的催化剂，它直接影响着我们的成败。

智慧箴言

口才是一个人智慧的反映，它影响着我们人生中的每一个关键时刻，如事业成功、生活幸福等。口才也是一种可以随身携带且永远丢弃不了的能力。

说好话不如会说话

世界上再没有什么比令人心悦诚服的交谈能力更能迅速获得成功与别人的钦佩了，
这种能力，
任何人都可以培养出来。

——戴普

每一天，人们都不可避免地要说话或听别人说话。我们会发现，和有的人聊天时，总是觉得非常愉悦，原本忧郁的心情会变得豁然开朗；而和有的人说话时，则会让人神经紧张，听到的每一句话都让人如坐针毡；同时，也有一些人，他们刚刚开口说第一句话，就会有人离席，不愿意再听下去了。

把话说好不是一件容易的事。虽然我们天天都在说话，但并不见得个个都会说话。话说得好，小则可以欢乐，大则可以兴国；话说得不好，小则可以招怨，大则可以丧身。所以，话既要说好，也要说巧。

清朝大太监李莲英，是慈禧太后的总管太监，是清末最有权势的宦官。李莲英便是一个深谙语言艺术的人，他才思敏捷，不管应对什么样的场合和人物，都表现得轻松自如。甚至很多时候，连慈禧太后都需要他出面帮助摆脱尴尬局面。也正因为如此，他深得慈禧的赏识。

慈禧有一个爱好，那就是爱看京戏，所以她经常召唤一些戏班子进宫演出。可是她喜怒无常的个性却令被召进宫演戏的戏子们提心吊胆，丝毫没有进皇宫唱戏的兴奋。这戏唱得让慈禧开心，固然是好事，也能得到一些赏赐。可如果哪天慈禧不高兴了，他们可就是提着脑袋唱了。

这一天，当时的京戏名角杨小楼接到了诏书，命他带领戏班进宫给慈禧演出。杨小楼的戏班精心准备，又恰逢慈禧心情不错，整场戏唱得还算顺利。等结束的时候，慈禧将杨小楼叫过来，意欲赏赐一些东西给他。只见她随手一指桌上的糕点说："这些赏赐给你！"

杨小楼一看慈禧的赏赐，心里不由暗暗发愁，只因慈禧吃饭的排场太大，虽然是看戏吃的糕点，却也有好几百样，让杨小楼带回去他都没法拿。杨小楼看慈禧心情不错，便大着胆子叩头说："老佛爷享用的东西，奴才不敢领，请老佛爷另外恩赐吧！"

此言一出，四周的人都倒吸了一口冷气。只因这些侍奉慈禧的人太知道她的脾气了，但凡赏赐的东西，无论好坏都要谢恩领取她才高兴。而杨小楼胆敢拒绝，无异于抗旨，这可是杀头之罪。可是令大家感到意外的是，慈禧的心情居然没有因为杨小楼的拒领而变坏，反而问杨小楼："那你想要什么？"杨小楼想了想，便说："老佛爷能否赐一个字给奴才？"

这个要求并不过分，慈禧听了也很高兴，便让人准备笔墨，当场写了一个“福”字。可是，当她刚刚写完，一个多嘴的宫女便在旁边说：“老佛爷，福字偏旁是‘礻’字，不是‘衤’字呀！”大家一看，原来慈禧居然多写了一点，将字写错了。被人当众指出错字令慈禧大为难堪，脸色顿时沉了下来。

原本喜乐的气氛因为这一个错字而陷入了僵局。慈禧发现自己写错，也不想将错字给别人，但她已经答应要赐给杨小楼，不给又是失信。而杨小楼也不敢领字，因为怕将错字领回去无异于抓住了慈禧的把柄，万一慈禧被人嘲笑，自己肯定脱不了干系。而如果他又一次拒领赏赐，也一定会让慈禧没面子，势必引来她的怒火。进退两难的局面让杨小楼直冒冷汗，不知道该怎么办。

正当大家为难之际，一旁的李莲英走上前说：“老佛爷洪福齐天，她老人家的‘福’自然要比世人的多一‘点’了。要不怎么显示出她老人家的高贵呢？”

慈禧一听，脸上露出了笑容，众人这才长舒了一口气。杨小楼也立刻说：“老佛爷的福小人不敢领。”慈禧也便顺水推舟，另行赏赐，一场危机瞬间消散于无形。

不过是一句话，就令众人进退两难；同样也是一句话，却让大家皆大欢喜。李莲英的机灵令慈禧的尴尬顿解，这也正是他深得宠信的原因。利用语言化解危机的例子，在近现代也同样层出不穷。

在联合国的某一次峰会上，菲律宾前外长罗慕洛和苏联代表团团长维辛斯基发生了激烈的争论。只因罗慕洛不赞成维辛斯基的提议，便遭到了维辛斯基无情的嘲讽，他出言不逊地说："我们大国怎么会和你们这些小国一般见识！"

此言一出，原本嘈杂的会场顿时安静下来，大家都看着受到挑衅的罗慕洛。只见他彬彬有礼地站起来，对其他参加联合国大会的代表说："维辛斯基先生说得没错，我只是一个小国家的小人物。但无论何时何地，将真理之石投向狂妄巨人的眉心，从而使他们的言行有些检点和收敛，正是我们这些矮子的责任。"

罗慕洛这番话立刻博得了代表们的热烈掌声，也得到了广泛的支持。而维辛斯基只好在一旁干瞪眼，脸上一阵红一阵白，什么话也说不出来。

智慧箴言

如果你不想让自己做一个井底之蛙，就应静下心来努力学习，拓展自己的视野。若想说话不空洞无物，就应下决心积累大批的、雄厚的、扎实的资本，武装自己的头脑，丰富自己说话的内容，因为好口才就是一种资本。

合适的话题让你所向披靡

不要想到什么就说什么，
凡事必须三思而行。
——莎士比亚

俗话说得好，一回生，二回熟。如何衡量同陌生人第一次谈话的成败，首先要审视交谈的话题，因为话题的好坏，直接影响交谈的结果，是交谈的第一要素，不容轻视，更不能忽视。

我们在和朋友、家人一起聊天的时候，话题总是源源不断。但是，为什么有的人一遇到陌生人，就变得头脑空白，说不出话来呢?

在交际中，我们对每一次交谈的话题都应该精心选择，不应随心所欲地张口就来，否则，在还未进入交谈内容时，就已经危机四伏了。但在具体选择这些话题时，要顾及谈话对象。一个话题，只有让对方感兴趣，谈话才有维持和继续的可能。比如，自己是球迷，就切莫以为别人都是球迷，逢人就谈球赛，很可能会让对方感到索然无味。

现代年轻人的话题总是局限于流行服饰、时代潮流等，有的人除了流行以外，对其他的话题都不感兴趣，这种做法本身已限制了话题的范围。那么怎样才能让自己成为说话的高手，又成为受欢迎的人呢？

美国知名记者芭芭拉·华特小姐在刚刚参加工作时，曾经被授命去采访航空业巨头亚里士多德·欧纳西斯先生，这是她做记者以来接到的最大任务。可是当她怀着激动而忐忑的心情见到欧纳西斯时，他却正在与专家们紧张地探讨业界面临的重大问题。

对于欧纳西斯所谈论的货运价格、航线以及对未来的设想等问题，由于太过专业导致芭芭拉根本插不上嘴。眼看时间一分一秒地过去，欧纳西斯已经到了该离开的时候，芭芭拉就要错过采访空手而回了，她心想：我必须找到一个可以引发他兴趣的话题，让他与我交谈。趁着欧纳西斯喝水的间隙，芭芭拉立刻提问："先生，我想请问您一个问题，您在海运和空运方面都取得了举世瞩目的成就，这非常令人钦佩和震惊。请问您最初的职业是什么？是怎样开始发展这项事业的？"

这个话题成功地吸引了欧纳西斯的注意力，他很愿意与别人分享自己的经历，而整个谈话也立刻朝着芭芭拉所希望的方向发展。聪明的她以一个精妙的问题作为开始，于是便轻松地获得了一次成功的采访。

在与人交谈的时候，需要特别关注对方的特点，避开谈话双方的禁忌，避免进入"谈话雷区"。

善于说话的人总是能找到"安全值"最大的话题，引起大家的谈论兴趣，在"雷区"之外会导致对方不悦的敏感话题也需要时刻注意避开。与遭逢不幸的人聊天，应避免聊起不幸的往事；与失恋的人聊天，应该避免聊起爱情与婚姻等问题；而如果对方身体有残疾，则应该尽量避免过分关注他身体的问题。因为这都是谈话的雷区，而与专业人士交谈的时候，在工作之外的时间要少谈工作，在工作时间则应少谈家务；与具备一定社会地位的人聊天时，应该尽量少谈宗教、政治等敏感话题，以免引起对方不悦，让谈话陷入僵局。

有一位编辑想邀请一名脾气古怪的作家为自己撰稿，在见面之前，他就听说这位作家让很多编辑都吃了闭门羹，因此心里非常忐忑。当他与作家会面时，发现他果然是一个很难捉摸的人，两个人连话都说不到一起，而编辑因为紧张更加语无伦次。最后自然被作家拒绝，空手而回。

无奈的编辑被深深的挫败感所困扰，回到办公室后他思前想后，寻找着自己做得不对的地方。通过深切的自省之后，编辑认为自己对作家的了解不够，所以才导致了此次会面时遭遇尴尬。于是，他用心收集了杂志和刊物中关于这位作家的所有资讯，仔细研读了他的所有作品，在自己对作家有了进一步的了解之后，又预约了第二次见面。第二次的会面气氛开始时与前一次一样沉闷，但是编辑很快就热情地说：“最近您的作品要被翻译成英文在美国出版了，恭喜您！不过您觉得自己作品的风格能否用英文表达出来呢？”这个话题立刻引起了作家的兴趣，因为这是他最近正在做的一件大事，并深深为这个问题所困扰。于是他马上回答说：“我也很担心啊，所以一直在寻找好办法，你有什么建议吗？”

在和谐融洽的气氛中，编辑和作家进行了愉快的谈话，编辑获得了作家的认可，作家答应为他写稿；而作家也认为编辑给自己提供了一些有用的建议，与他成了朋友。

从上面这个故事中我们可以看出，在交谈中，地位处于劣势的一方有义务寻找话题，引起另一方的谈话兴趣。求人办事时，有所求的人要寻找可以让对方愉悦的话题；在谈生意的时候，乙方要选择有利于合作的话题。最常见的便是处于恋爱中的情侣，往往是男人在寻找话题来引发女性的交谈兴趣，以便让气氛变得热烈融洽。否则，如果话题引起对方不悦，就会增加处于劣势一方的难度。

智慧箴言

要寻找话题并不是一件很困难的事。因为在你的生活环境中，凡是能看得到的东西，都可以拿来当作话题。

良好的谈吐为你扫清障碍

谈话，和作文一样，
有主题，
有腹稿，
有层次，
有头尾，
不可语无伦次。
——梁实秋

一滴蜜糖比一斤苦汁更能吸引更多的蚂蚁，良好的谈吐，令人心花怒放，满面春风。

一个人的能力要获得别人的认可，必须通过一定的途径进行展示。一个表达能力不足的人在展示自己的过程中，必然会遭遇困难。就算是他拥有着卓越的想法，并且付出了十足的努力，可是没有了语言的相助，这些才华和努力也不能被别人所了解。

良好的语言能力不仅可以帮助我们展示自己，更能够为我们辩护，从而获得比别人更多的成功机会，更快地达成自己的目标。

美国前总统里根在访问加拿大的时候，曾经遭遇过一次突如其来的混乱。当时，里根正在台上演讲，忽然看到下面一阵骚动，有人还举出了反美的标语。这种行为很快就被维持秩序的警察制止了。但是作为主人的加拿大总理皮埃尔·特鲁多还是感到非常尴尬。

看到皮埃尔·特鲁多脸上挂着不安的笑容，里根总统在讲台上笑着说："这样的情况在美国是时常发生的，我的演讲总是可以遇到这些老朋友。我想今天的这些人或许是特意从美国赶来，为我的演讲助兴的。"

这一番幽默的自嘲让现场本来紧张的气氛顿时变得轻松起来，皮埃尔·特鲁多的尴尬也立刻被化解。在大家雷鸣般的掌声中，里根的演讲得以继续下去。

可见，拥有良好的语言能力能够帮助我们跳出困境，轻松化解难题。但是在日常生活中，当人们遭遇类似的尴尬，却不能做到这般游刃有余。我们看到更多的是期期艾艾和欲言又止。如何让自己的语言表达变得隽永动听，让每一名听众都可以愉悦地接受，并有效地帮助我们取得成功，这就是语言艺术的奥秘所在。

周总理是一个非常精通外交辞令的人，他总是能用轻松的语言化解难言的尴尬，达到举重若轻的效果。在国际外交界中，至今还流传着一个他与美国前国务卿基辛格之间的对话。

在联合国的一次会晤中，基辛格对周总理说："为什么中国人走路总是喜欢低着头，而美国人走路却总是昂着头？"

这句话猛一听好像是一种随意的调侃，并不带有任何意味，或许它带着一丝不友善，却没有明显的恶意，因此也让听者无法找出基辛格的失误。如果针锋相对地回答，则会显得有失风度；而如果闭口不言，又会让自己白白令人嘲笑。

周总理听基辛格说完，便也笑着用调侃的语气说："因为中国人在走上坡路，自然要低着头走；而美国人在走下坡路，所以昂着头也不奇怪。"听了总理这一番巧妙的回答，连基辛格在内的各国代表都哈哈大笑起来。

这个回答之中不仅有敏捷的思维，更有恰当的分寸，虽然带着开玩笑的成分，仔细回味却也能体会到反唇相讥的意味。整个谈话的气氛并没有受到任何影响，但周总理已经很好地维护了自己的尊严。

要想在谈话中有得体的表现，就必须要对自己所说的话有提前的认知和考虑。针对自己的谈话对象以及要讲的内容，每一个谈话者都应该在说话前打好腹稿，在脑海中构想好自己要怎么讲，同时观察周围的环境，掌握对自己的谈话有所影响的各种因素，这正是所谓的"凡事预则立"。

在我们的身边，随处都可以看到因为不得体的谈话而带来的不良影响，不管是个人生活还是事业都会因为未经思考的谈话而陷入窘境。就算是父子、夫妻这样亲密的关系，都会因为不恰当的话而让感情受到伤害；就算是大型企业，也会因为不得体的发言而失去支持。

小说家亚诺·本奈曾经说过："日常生活中大部分的摩擦冲突都起

因于恼人的声音、语调以及不良的谈吐习惯。”一个小小的语言习惯会对我们的生活带来这么大的影响，我们又怎么能不对它加以更多的重视呢！

宰相刘罗锅是一个家喻户晓的人物，他本名刘墉，生活在乾隆时期，出任乾隆帝的宰相，深得他的信任，乾隆帝不管大事小情都非常乐于与他商议。闲来无事，乾隆帝还喜欢和刘墉聊天，只因刘墉才思敏捷，对答得体，总是能说出让乾隆帝会心一笑的话。

有一回，在议完政事之后，乾隆帝又和刘墉闲聊起来。他感慨地说：“我们转眼之间都要变成老人家了！”

看到乾隆帝一脸的伤感，情绪低落，刘墉便笑着说：“皇上，您还很年轻呢，正是做大事的时候。”乾隆帝听他这么安慰自己，只是摇摇头说：“我属马，已经五十了，怎么还年轻呢？你既然这么说，你今年多大了？”刘墉毕恭毕敬地回答说：“皇上，我今年也五十，是属驴的！”

听到这个奇怪的答案，乾隆帝立刻来了兴趣，问他：“你我都是五十，我属马，你怎么属驴呢？”

刘墉看到乾隆帝一脸疑惑，便笑着说：“皇上是天子，您属了马，微臣怎么还敢属马呢？所以就只好属驴了。”

这一番对答不仅出乎意料，而且还表达出刘墉对乾隆帝的恭敬，不禁让乾隆帝笑逐颜开，刚才伤感的情绪早就一扫而光了。刘墉的机智可见一斑。

能够获得乾隆帝的认同，刘墉凭借的不仅是自己的才智，更发挥了语言的无穷魅力。从他的身上，我们可以看到 要想在谈话中获得别人的认同，就要学会使用对方熟悉的语言，谈论对方关心的话题，还要根据谈话的环境进行灵活的变通，只有这样才能契合对方的心情，从而达成目的。

在今天的社会，虽然没有了生杀予夺的皇帝，但在工作和生活中灵活地运用语言艺术，以自己良好的谈吐来赢得别人的认可，依旧是获得成功的方法之一。

智慧箴言

话总是说给别人听的，至于说得好不好、是否说到别人心坎上，不仅要看话语是否适当地表达了自己的思想和情感，也要看别人能不能理解并且乐于接受。

雄辩是一种生存之道

一场争论可能是两个心灵之间的捷径。

——纪伯伦

哪里有声音，哪里就有力量；哪里有口才，哪里就有了战斗的号角，就有了胜利的曙光。

在古代，苏秦曾经凭借三寸不烂之舌游说战国诸侯，成为一代谋略大家。而在近代，孙中山先生通过激情澎湃的演讲鼓舞士气，带领中华儿女推翻了清廷统治。到了现代社会，语言更无时无刻不在发挥着它无穷的魅力，它不仅鼓舞士气，而且凝聚人文，甚至可以起到扭转乾坤的作用。而要达到这一切目的，都必须具备良好的口才。雄辩之人在历史上层出不穷，他们不仅实现了个人价值，更推动了历史的进步。口才，不仅是一种巨大的开拓进取能力，也是一种生存之道！

在清乾隆帝时期，有一位才子因其学识丰富、机智敏捷而闻名于世，他便是纪晓岚。

有一次，乾隆帝突发奇想，想要试一下纪晓岚的机智究竟达到什么地步，便故意问他：“何为忠孝？”纪晓岚不知道乾隆帝为什么突然会问起这个，但他不敢怠慢，忙一本正经地回答：“君叫臣死，臣不得不死，是为忠；父叫子亡，子不得不亡，是为孝。两者合起来，即为忠孝。”

话音未落，乾隆帝便说：“既然这样，那朕就给你一个机会尽忠，赐你一死吧！”

此言一出，四座皆惊，纪晓岚更是摸不着头脑，想不通皇上怎么会突然就对自己赐死。但“君叫臣死，臣不得不死”是他刚刚说过的话，乾隆帝的旨意又不能违抗，他只好谢恩退朝而去。

看到纪晓岚退下，乾隆帝在心里暗暗发笑，他等着看纪晓岚到底用什么办法来化解这个难题。可是一个时辰不到，只见纪晓岚气喘吁吁地跑回来，跪倒在乾隆帝的面前。乾隆帝故意做出一副很生气的样子说：“朕已经将你赐死，你怎么还活着？难道你想抗旨吗？”

只见纪晓岚一边喘气，一边急切地说：“回皇上，臣领旨之后便到河边去寻死，却遇到了屈原，他问我为什么投河，我将皇上的旨意告诉了他，结果他说：‘我当初投河是因为楚怀王是一个昏君，而如今的皇上却非常圣明，你怎么能说死就死，让他背上一个昏君的骂名呢？你应该先回去问问皇上是不是一个昏君，如果是，你再死也不迟。’所以，臣就回来了。”

听了纪晓岚的解释，乾隆帝也陷入了两难之中：让纪晓岚去死，则说明自己昏庸得像楚怀王。他只好笑一笑说：“既然这样，那你就先活着吧！”

在这个故事中，纪晓岚所采用的办法是“以其人之道还治其人之身”，让双方的面子都得到了维护，而自己也不用去承受乾隆帝的无理要求所带来的伤害。在乾隆帝首先发难时，他的依据正是纪晓岚自己所说的“君要臣死，臣不得不死，是为忠”，他由此出发对纪晓岚提出了“去死”的要求，显得顺理成章。而话是从皇上嘴里说出来的，纪晓岚又不得不服从这一要求，因此他骑虎难下。为了重新掌握主动权，纪晓岚想出了办法，利用因君主昏庸而投河的前人屈原之口说出了自己不去死的依据，将难题重新抛给了乾隆帝——去死的前提必须是皇上是昏君，而乾隆帝断然不肯在众人面前承认自己是昏君，因此他的要求也就不用去执行了。

纪晓岚的确机智过人，他用善辩能力救了自己一命。假如换另一个人去将怎么样呢？假如换作一个同样学识丰富，但是缺乏表达能力的人，他还能不能回来？或许他已经跳河自杀了！因此，口才的价值，口才的重要性，我们不可低估。

智慧箴言

明哲保身，不是人人都能做到的。只有那些口才良好、善于雄辩的人才能临危不惧，从而更好地反击。

沉默是强有力的武器

/
虽然言语的波浪永远在我们面前喧哗，
而我们的深处却永远是沉默的。
——纪伯伦
/

沉默也是一种战术，如果我们能够恰到好处地运用沉默，就能起到“此时无声胜有声”的独特功效。

人们经常说：舌头是世界上最好也是最坏的东西。因为它可以助人成事，将坏的说成好的；也可以害人败事，将好的说成坏的。正是因为这一点，人们在开口说话前一定要谨慎思考。在没有想清楚究竟应该说什么话的时候，适当地保持沉默，暂时让舌头停止工作，也未尝不是一件好事。

生活中，我们能体会到：安静的环境最能让人放松神经，让理智得到恢复。这是因为嘈杂会让我们的大脑失去判断力，从而会贸然地做出错误的决定，说出不应该说的话。由此可见，让自己沉默一会儿，给大脑一点儿思考的时间，将更有助于你说出正確的话。即便针对那些故意找碴儿的人，也可以用不变来应对万变，除了语言可以变成我们的武器，沉默也一样可以产生巨大的力量，让对方重新审视你。

小刘是某工厂一名工人，一天他的一位农村亲戚来看他，顺便给他带来了几只老母鸡。亲戚走后，小刘打算养着这几只母鸡，让它们下蛋，于是小刘就在厂里围墙的角落上垒了个鸡圈，将老母鸡放在里面饲养。

过了没几天，这事被厂领导发现了，领导让人劝小刘将母鸡处理掉，并拆除鸡圈。

最终小刘也没有执行，于是厂长就派人强行抓鸡拆圈。小刘对此很是气愤，他跑到厂长办公室去大吵大闹，而厂长正在办公室坐着，专注地看一份文件，一直就没有抬头，也不理会小刘的大吵大闹。吵了一会儿，小刘觉得没什么意思了，这时厂长拉开写字台的抽屉，甩出一份处理决定给了小刘，并告诉他，以后如若再出现类似事件，就勒令其搬出厂区去住，说完厂长就拂袖而去。

此时，小刘的火气全消，他低着头像斗败的公鸡一样回去了。

在这次争执过程中，一方大吵大闹，以语言作为武器来攻击对方；而另一方则保持沉默，用无声作为反击，轻松地产生了震撼力量，让对方认识到了自己的失礼之处，可谓不用一兵一卒便赢得胜利。

老师一直教育我们：要说出自己心里的感受。虽说勇于表达是一件正确的事，人们不应该压抑自己内心的想法，但在生活中，我们又可以发现，并不是任何时候任何事都要说出来才能达到目的，在人际交往过程中，适当地采取沉默，有时候更有助于我们的表达。当然，沉默并不代表软弱，也不代表放弃，它同样也是一种态度的表示。

人们往往会误会沉默的含义，认为沉默就是一言不发，任凭别人说破天也不开口表达自己的意愿。而真正的沉默并非如此，它是利用人的眼神、表情以及身体语言等各种方式，综合地展示自己的内心想法。

沉默并不是单一的，它也可以表达丰富的含义，人们选择沉默有时是为了避免矛盾冲突，有时则是以另一种方式来暗示自己的态度。下面这个关于沉默的故事正好说明这一点：

古时候，有个以养马为生的农民。一日，他牵着一匹烈马到集市上去卖，途中感到饥饿，于是到一家小饭馆去吃饭。他刚坐下，看见有一个商人模样的人也牵着一匹马走了过来，那个人顺手也要将马拴在这个农民拴马的那棵树上。

农民见了急忙过去对商人说："我这匹马还没有驯服，秉性十分暴躁，它会把你的马踢死的，所以你还是拴到别处吧。"

谁知，那商人非但不听农民的劝告，还十分无礼地说了几句很难听的话，把马拴好后也进了小饭馆。

正当大家都在用餐时，就听见外面响起了马的嘶叫声，人们急忙跑出来看发生了什么事。商人和农民也跑了出来，只见商人的马已经躺在地上奄奄一息了，不用说，肯定是被农民的马踢伤的。于是，商人拽住农民不放，要农民赔他的马，否则就拉他去见官。农民自然没有钱赔他，于是他们闹到了衙门。

县官听完商人的讲述之后，向农民提出了许多问题，可农民始终装作没听见，闭口不言。

县官无奈地说："此人是哑巴，此案无从判起呀！"商人一看，非常气愤，大喊着："他不是哑巴，刚才他还叫嚷呢！"

县官听了，好奇地问："你说他不是哑巴，有什么证据？他刚才叫嚷什么了？"

商人此时已经气糊涂了，便将刚才自己拴马时农民规劝自己的话复述了一遍，说完还得意地说："您看，他不是哑巴吧！"

可是县官听他说完，却笑着说："他果然不是哑巴，但他既然规劝过你，你不听劝怎么还怪别人呢？你的马也没有理由让他来赔偿了。"

直到此时，那个沉默了半晌的农民才说："小民刚才沉默正是因为想借他的口说明事由，现在谁是谁非已经清楚了，我也不用再争辩什么了。"

在音乐演奏中，无数的音符可以组成华丽的乐章，但若没有了休止符的出现，音乐也会变成无休止的噪声。为了让我们的表达更加有力、清晰，产生更好的效果，适当地选择沉默就好像在乐章中加入休止符一样，会令你的语言能力更为突出。这位农民正是掌握了这一技巧，才轻松地以沉默对诬陷，为自己洗清了冤屈。

相对语言来说，沉默是一项更难掌握的语言艺术，聪明的人并非时刻聒噪，他们懂得用沉默来彰显自己的价值。姜子牙在渭水河畔遇到文王时，并没有滔滔不绝地表现自己的才能，却让文王领略到了他的非凡气质，从而邀请他助自己一臂之力；诸葛亮在茅庐中深居简出，并没有向世人展现自己的谋略，却一样获得大家的赞扬，让刘备三顾茅庐前来延请。沉默并没有让他们的才华被埋没，反而更加引人注目。

智慧箴言

沉默就好像盐，在生活中不可缺少，却又不宜占据太多。太少的沉默让语言表达失去魅力，不仅无益，反而有害；而太多的沉默则会让人失去表达的机会，错失成功的机遇。只有将沉默恰到好处地点缀在表达的过程中，才能让我们的语言更具魅力。

自嘲是一种生活态度

人生的道路都是由心来描绘的。
所以，无论自己处于多么严酷的境遇之中，
心头都不应为悲观的思想所萦绕。

——稻盛和夫

自嘲是一种生活态度，它可以使原本很沉重的东西瞬间变得轻松无比。生活中难免会遇到挫折，不管多么智慧的人也会遭遇生活的坎坷。在挫折面前捶胸顿足于事无补，只会让人更加难过。适当地为自己寻找一个宣泄口，宽容地对待那些失误，让自己紧张的心可以得到一丝宽慰，也许能帮助你发现生活中的美。

关于美国前总统罗斯福，有这样一个故事：

有一次罗斯福家被窃贼光顾，家里所有值钱的东西几乎都被洗劫。后来，罗斯福的朋友们知道他家被盗后，纷纷前来安慰他，劝他不要太生气，也不要太伤心。听了朋友们的劝告后，罗斯福说："谢谢你们，我亲爱的朋友，你们不用安慰我，我现在很好。另外，我还要感谢小偷呢。因为：首先，他偷去的只是我的一些身外之物，而没有伤害到我的身体和生命；其次，他偷去的只不过是我的部分财物，留下的比偷去的要多；最后，这也是最值得庆幸的，做贼的是他而不是我。”朋友们听完罗斯福的话都哈哈大笑。

遇到这样的事情，大多数人会非常愤怒地谴责盗贼，向人们倾诉自己受到的伤害，寻求抚慰。而胸襟宽广的罗斯福却认识到这些举动毫无意义，他选择用乐观的态度来看不幸的事，从另外一个角度寻找排解方式，让自己感受到这件事所带来的阳光，而不是阴霾。生活本已坎坷，如果再自寻烦恼，只会让人更烦恼。懂得为自己开解、懂得自嘲的人，会从烦恼中找到快乐。

在日常生活中，懂得自嘲、幽默的人，始终是人际交往中的“润滑剂”，他们让单调呆板的生活增添色彩。他们所得到的并不只是笑声，更赢得了尊敬和真诚的友谊。

清代著名文学家蒲松龄虽然一生清贫，但他为人刚正不阿，不畏权贵，一身正气。一日，蒲松龄穿着一身比较朴素的衣服去一个有钱的朋友家赴宴。席间，一个衣着华丽的矮胖商人阴阳怪气地问蒲松龄：“久闻蒲先生文采出众，是一个大才子，怎么总也不见先生金榜题名呢？”蒲松龄听出了商人奚落的语气，他微微一笑，说道：“先生不知，其实我对功名已心灰意懒，最近我已经弃笔从商了。”这时，又一个满身绫罗绸缎的瘦高官吏插话了，他故意装出很吃惊的样子说：“经商应该挺赚钱的呀！可蒲先生为何衣着平平，是不是已经血本无归了？”

蒲松龄叹了口气，接着说道：“唉！大人您真聪明，真是未卜先知呀，我确实是赔钱了。最近我跑了趟登州，在当地碰上了一批刚从南洋运来的象牙，大多都是用绸缎包裹着，也有极少数用粗布包的。我原以为用绸缎包的肯定名贵一些，所以就用大部分的钱买了绸缎包的，至于粗布包的，只要了少许。可谁知，带回家一看，唉！绸缎包的竟全部是狗骨头，粗布包的才是货真价实的象牙！”

权贵们听后一个个目瞪口呆，他们都知道蒲松龄是在骂自己，却都哑口无言。

面对别人的挑衅，蒲松龄并没有急于掩饰自己服饰的简朴，反而坦然地接受。之后，通过巧妙的语言暗示，他将穿粗布者与穿绫罗绸缎者做了比较，将自己比喻成象牙，而将权贵比喻成狗骨头。正是因为有了这份自嘲，蒲松龄才能睿智地给出反击，让那些羞辱自己的人自取其辱。

智慧箴言

一个人敢于自嘲，说明他内心首先充满了自信，他对自己非常了解，所以不在乎别人的评价。当他拿自己开玩笑的时候，别人所看到的不是他的不足，而是他的智慧、情趣以及坦诚。

口才是一种综合能力

世界上没有一点都不胆怯、
害羞和脸红的人，
包括我自己。
人人都有，
只是程度不同，
持续的时间也不同。

——戴尔·卡耐基

会说话是一种综合能力，这种能力包括表达、聆听、应变等多项能力。

“良言一句三冬暖”正说明说话得体、正确所产生的巨大效果。

在每个人前进的道路上，都不可避免要与别人交际，而交际的重要手段是语言。如果自己的话能给别人带来“三冬暖阳”一样的感受，又何愁不能获得成功呢？有语言学专家认为，口才有初级口才和高级口才之分。只要没有生理疾患、能张嘴说话的人，就可以拥有初级口才。高级口才则是指：不仅要会说话，还要说好话。

善表达，会聆听，能判断，巧应对，是衡量口才好与坏的重要标准。在现实生活中，并不是每个人都能将话说好，或将储存在自己脑海中的东西淋漓尽致地表达出来。

美国有一位叫寇蒂斯的保健医生，他同时也是一位热心的棒球迷，经常去看球员们练球。时间长了，他就和球员们成了好朋友，并被邀请参加一次为球队举行的宴会。

在侍者送上咖啡与糖果之后，有几位著名的宾客被请上台"说几句话"。没有想到的是，在事先没有通知的情况下，他听到主持人宣布："今晚有一位医学专家在座，我们有请寇蒂斯大夫上台跟我们队员们谈谈日常保健及健康问题。"

那么，寇蒂斯能否回答这个问题呢？当然能，而且可以说他是对这个问题认识最充分的人，因为他是研究卫生保健的，并且已有三十余年的行医经验。他可以坐在椅子里向坐在两旁的人就这个问题侃侃而谈一整个晚上，但是，现在，要他站起来讲这些问题，却另当别论了。

此时此刻他不知所措，心跳速度加快了许多，因为他从未做过演讲，他脑海中也在刹那变得一片空白。该怎么办呢？宴会上的人全在鼓掌，大家都望着他。最终他还是摇了摇头，表示谢绝。但他这样做反而引来了更热烈的掌声，众人纷纷要求他上台演讲。

"寇蒂斯大夫！请上台演讲！"的呼声愈来愈高。他知道，此时如果自己站起来走上讲台，他将无法讲出一句完整的话，演讲一定会失败。因此，他站起身来，一句话也没说，转身背对着他的球员朋友，默默地走了出去，深感难堪。

寇蒂斯的经历是失败的，败在他不善言谈。由此可见，只有具备了高超的说话水平，才能掌握获得社会认同的最快捷、最有效的手段。但是，大多数人可能都会像案例中的寇蒂斯医生那样，在演讲时紧张、害怕，因为有这样一个调查结果：“当人们要我站起来讲话时，我觉得很不自在、很害怕，使我不能清晰地思考，不能集中精力，不知道自己要说的是什么。”相信每个人都想获得自信，泰然自若地站在众人面前，并能随心所欲地思考，能逻辑清晰地归纳自己的思想，在公共场所或社交人士面前侃侃而谈，富有哲理，又让人信服。

其实，口才并非天生，它也可以通过勤学苦练而后天取得。人在婴幼儿时期，并不会说话，但可以通过培养而逐渐获得这种能力；成年之后，也可以通过培养、训练，让自己获得卓越的口才。中外历史上不乏那些通过刻苦训练而获得这一卓越才能的人。

美国前总统林肯的演讲总是能让群情激奋，但谁会想到在他年轻的时候，并不是一个能言善辩的人呢？林肯认识到自己语言能力不足后，并没有气馁，为了提高演讲水平，他努力学习、训练自己。不管是法庭上辩护的律师，还是传教的教士，都是林肯学习语言能力的榜样。他一边学习他们的表达方式，一边模仿着他们的手势，不管走路还是睡觉，都在训练自己讲话，甚至会对着树桩和玉米田发表演讲。最终，他不仅成为美国总统，更成为美国历史上优秀的辩论家。

我国著名的数学家华罗庚，相信大家并不陌生，都知道他有超群的数学才华，但很多人却不知道他也是一位不可多得的“辩才”。他从小就注意培养自己的口才，学习普通话，还背了四五百首唐诗，以此来锻炼自己的“口舌”，因此，他时常在国内外的一些公众场合赢得掌声。

为了达到谈话的预期效果，谈话时我们可以从以下几个方面做起：善于聆听，捕捉反应，敏捷回应，力争主动权；陈述自己的话时要有实在的内容、清晰的观点、严密的逻辑、中肯的分析；有很强的概括能力，简明扼要地把自己的思想完整地表达出来。唯有掌握了这些要点，我们的口才与交际能力才能得以提高。

智慧箴言

“口才”即表达主体在人际交往的过程中，运用准确、得体、生动、巧妙、有效的口语表达策略，达到特定的交际目的，取得理想效果的一种语言表达艺术和技巧。同时，口才也是一种综合能力。

练就一副好口才

将自己的热忱与经验融入谈话中，
是打动人的速简方法，
也是必然要件。
如果你对自己的话不感兴趣，
怎能期望他人感动？
——戴尔·卡耐基

朴实无华的语言是真挚心灵的表达，是美好情感的展现。因而，语言的朴素美来自相互的处世态度，话如其人，言为心声，平时为人处世质朴真诚，说话自然不会扭捏做作。说话是人的一种基本能力，这是因为，在人的大脑里虽然早就贮存了“语言学习的机制”，但这并不代表人人都是天生的演讲家。

人们讲话的目的是沟通、表达，要想良好地沟通，并取得不俗的效果，就必须有恰当的表达方式。一个人要想获得好的口才并非一朝一夕就可以完成，它需要长期的摸索和实践，在生活中体会别人的反应，寻找自己的表达技巧，让别人能够更容易地理解自己。如果一个人的表达不能让周围的人明白，那它便是失败、错误的表达，将会产生更深的隔阂，影响我们的生活。所以，具备良好的表达技巧是每个人都必须学习的。

在抗战胜利前夕，画家张大千要返回四川，他的学生们在一家酒店举办宴会为他饯行，梅兰芳等众多社会名流也到场作陪。席间，张大千端着酒杯对梅兰芳说："梅先生，你是君子，我是小人。"大家听到这话都不知道张大千想说什么，连梅兰芳也有些摸不着头脑，只好疑惑地问："为什么这么说？"张大千说："因为君子动口，小人动手！我端酒是动手，您喝酒是动口啊！"一句话引来满堂喝彩，宴会的气氛也被张大千幽默的语言推向了高潮。

"君子动口不动手"本是一句俗语，但张大千却让它有了新意，从而让人们哈哈大笑，起到了烘托宴会气氛的良好效果。这种方式有很多可借鉴的地方，而最重要的便是灵活、巧妙，只有出其不意才能让听者恍然大悟，进而会心一笑。很多在口才上取得成就的人，他们大多认为自己从小并不善于言辞。也正因为他们自认为口才不佳，才会加倍努力去提升自己的表达能力。

据说，在西欧有"历史性的雄辩家"之称的狄里斯，原本表达能力很差，他天生声音低沉，且呼吸短促，跟人说话时，时常口齿不清，旁人经常听不清他在说些什么。当时，狄里斯的祖国政治纠纷严重，因此，能言善辩的人备受重视，格外引人注目。尽管年轻时的狄里斯知识渊博、思想深邃，而且十分擅长分析事理，并能预见时代潮流和历史发展趋势。但是，最让他头痛不已的是，自己缺乏说话的能力和表达技巧。他认为这是自己致命的弱点，甚至可能会因此被时代所淘汰。在一番周密细致的思考之后，他准备好了精彩的演讲稿，第一次走上了演讲台。不幸的是，他遭遇了惨重的失败，原因就在于他声音低沉、肺活量不足、口齿不清，以至于听众无法听清楚他在说什么。深受打击的狄里斯并没有灰心，反而比过去更努力地训练自己的说话能力。他每天跑到海边，对着浪花拍击的岩石放声呐喊；回到家中，又对着镜子观察自己说话的口型，练习发声，坚持不懈。狄里斯如此努力了好几年。功夫不负有心人，再度上台演讲时，博得了众人的喝彩与热烈的掌声，并一举成名。

除此之外，好的口才还要注意讲话的场合，不同的场合说出不同的话，让表达符合情境要求，同样是好口才的标准。在朋友聚会的场合中，可以通过幽默、逗趣的话来让大家开心，让气氛更融洽；而在会议、谈判等场合中则要谨慎讲话，用严谨的语言表达自己的态度和认识，才有助于达到讲话的目的，才能真正发挥口才的效力。

智慧箴言

要想练就一副过硬的口才，就必须一丝不苟，刻苦训练，正如华罗庚先生在总结练“口才”的体会时所说：“勤能补拙是良训，一分辛苦一分才。”

包装语言，提升无形资本

一条船可以由它发出的声音知道它是否破裂，
一个人也可以由他的言论知道他是聪明还是愚昧。
——狄摩西尼

两件相同的商品，不一样的包装会让它们有不同的定价；而两个一模一样的人，不一样的穿着也会让他们得到不同的评价。可见包装在人们的生活中有多大的作用。语言也离不开包装，同样的话经过不同的表达方式包装，也会产生不一样的效果。

唐伯虎是众所周知的机智才子，此外，他还思维敏捷，是个沟通高手，在很小的时候就已经有很强的辩论能力了。

有一次，他和几个孩子在路边玩皮球，县太爷正好坐着轿子经过，皮球不偏不倚被踢进了轿子里，重重地砸在县太爷的乌纱帽上。正在轿子里沉思的县太爷被吓了一跳，气愤地大喊：“是谁在撒野？”

孩子们看到县太爷发怒，吓得各自跑回家去了，只有唐伯虎大踏步地向前走去。他彬彬有礼地说：“大人，请您息怒，我们之所以敢在这里玩耍，是因为现在生活安定，而这都是托了您的洪福，我们才能过上这样的日子啊！”

这话让县太爷心里顿时一喜，被球打中帽子的怒气也消了一半。看这个孩子这么会讲话，他便有意逗一逗唐伯虎，笑着说：“你既然这么能说会道，那我出个对联，你能对得上，球就还给你。”

唐伯虎从小便以对对联而闻名乡里，现在又听说可以拿回自己的球，自然毫不犹豫就答应了县太爷的要求。县太爷看了看周围逃跑的孩子们，又看了看唐伯虎，笑着说：“上联是：童子六七人，唯汝狡！”唐伯虎听了，眼珠一转便有了下联，他说：“太守二千石，独公……”

看着欲言又止的唐伯虎，县太爷忙问：“独公什么？”

唐伯虎故意顿了顿，说：“如果能拿回球，自然就是‘独公廉’；如果拿不回球，那就是……”

县太爷一听，哈哈大笑着说：“如果我不将球还给你，你是不是就要说‘独公贪’了？看来为了我的清誉，我也得把球还给你啊！”

就这样，唐伯虎凭借自己的机智勇敢和善辩的口才征服了县官。

生活中难免会遇到让人不好说的话题，在选择不出恰当的表达方式时，可以通过幽默的笑话、机智的玩笑来作为传达。在表达出自己意愿的同时，也不会引起对方的反感，更不会让听者感到不快。委婉的表达需要掌握好“恰到好处”这个度，让大家不会产生负担，又能心领神会。

某公司新来了几位女职员，她们在工作时的言谈很不文雅，多次被公司经理听到，甚至对他这个上司说起话来也很随便。

有一天，这位经理把一名已经任职两三年的女职员叫到办公室，对她说："新来的这几个年轻人说话有点随便，请你代我转告一下好吗？"

过了两天，结果令人感到很意外。那几个女职员的谈吐有了很大改变，特别是那个负责转告的女职员，对自己的言行更为小心翼翼了，恐怕是经理的转告让她觉得自己也包括在内了。

人们都明白"好话难听，良药苦口"的道理，但在生活中，大家还是不愿意听到批评自己的声音。如果可以给批评的话增加一些包装，就好像给药裹上一层糖衣，更利于大家接受，从而让"好话"和"良药"真正到达需要它们的地方。

智慧箴言

语言是一把双刃剑，运用恰当，它可以让我们成功；反之，也可能会让我们失败。所以，好好包装一下自己的语言，把话说好，这也是一种无形的资本。

第二章

职场中的语言魅力

好口才是一种能力。在职场生涯中，口才的好坏往往直接影响一个人的前途和命运，所以，娴熟得体的口才已成为职场生存的必需。

好口才为你赢得机遇

言不顺则事不成。

——孔子

机遇，是成功的前提条件。然而机遇不是人人都可以拥有的，它只属于那些能言善辩、积极争取的人。

有时候一个机遇能够成就一个人的一生。所以，如何把握和创造机遇成了热门话题。

尼尔·鲍尔特是美国加利福尼亚州储藏室设计改装公司的创始人。一天，他有急事要赶往城外，由于公司的司机不在，他便在公寓前拦下一辆出租车。当他坐上座位后，那位友善的司机便跟他攀谈起来。

“您住的这个公寓真的是相当漂亮。”司机说。“嗯，是的。”鲍尔特心不在焉地回答。

“先生，我敢打赌，您的储藏室肯定很小。”他很有把握地说。听他这么一说，鲍尔特顿时来了兴趣：“你说得不错，它确实很小。”

“那您有没有听说过给储藏室进行重新改装呢？”司机问道。“啊，是的，我听说过。”

“事实上，除了开出租车以外，我的业余工作是按照客户的要求为他们重新设计和改装储藏室，以帮助他们充分而有效地利用储藏室的空间。”接着，司机问鲍尔特有没有想过要对家里的储藏室进行改装。“暂时倒没想过，”鲍尔特回答道，“不过我确实希望储藏室的空间能再大点。我听说有一家著名的公司也在做这种生意。”“哦，我知道，您说的是加州储藏室设计改装公司吧，那确实是一家大公司。不过，找他们做你得多花很多钱，其实他们能做的，我也一样能做，而且在价钱上要比他们便宜得多。”司机接着说，“您可以这样，先打电话给加州储藏室设计改装公司，跟他们说您需要对储藏室进行改装，让他们派人来您家进行估价。等估好之后，您要求他们留下一份设计图纸给您。一般来说，他们不会同意，不过，您就说是把图纸给您的妻子看，以征求她的意见，相信他们就会给您留下设计图纸。然后，您打电话给我，我保证可以和他们做得一样，而且价钱要比他们便宜30%以上。”

“听起来这真是非常有趣。朋友，这是我的名片，如果你愿意光临我的办公室，我们可以好好谈一谈。”鲍尔特笑着说。司机接过名片看了一眼，顿时惊讶得差点从驾驶座上弹起来。

“哦，天哪，”他惊叫道，“您就是大名鼎鼎的尼尔·鲍尔特先生啊？我曾经在电视上见过您，当初正是因为觉得您的计划和想法非常好，我非常羡慕，才做起这一行的。”司机一边说一边从后视镜里仔细地打量着鲍尔特。

“鲍尔特先生，刚才的事真是对不起，我的意思并不是说你们公司的价格太贵，我也不是说……”

“别激动，朋友，说实话，我很欣赏你的风格和口才。你非常聪明，而且非常有进取心，我很欣赏这一点。因为你知道乘客都是你忠实的听众，因为他们不得不听你的宣传。你为什么不来找我呢？”后来，这位善谈的司机果然来到了鲍尔特的公司，并且成了公司最优秀的业务员之一。

那些健谈而又睿智的人总能在纷繁复杂的环境中找到突破口，从而为自己创造出新的机遇，这个司机正是如此。还有这样一个故事：

某单位有两个给领导开车的司机，由于单位要进行裁员，必须精减掉一个司机，只留一名司机，所谓竞争上岗。单位领导把他们叫进办公室，让他俩分别谈谈想法。

第一个司机滔滔不绝，讲了二十来分钟，说我将来要开车，一定把车收拾得非常干净利索，遵守交通规则，而且要保证领导的安全，一定要做到省油等。

第二个司机言简意赅，只说了不到三分钟。最终领导决定留任后面这位司机。原来他是这样说的：“我过去遵守了三条原则，如果领导留用我，我今后也一定遵守这三条原则：第一，听得，说不得；第二，吃得，喝不得；第三，开得，使不得。”

领导一听，好！这个司机好！那么，好在什么地方呢？原来，这个司机的三条原则大意是：听得，说不得。领导经常会坐在车上研究一些工作或私密问题，往往在没讲之前都是保密的，我只能听，不能说，严格保密。吃得，喝不得。经常陪领导出差或开会，参加这个，参加那个，最后总得吃饭呀！这饭也得吃，但是千万不能喝酒，喝酒是司机的大忌，酒后驾车是拿领导的生命开玩笑。第一保密，第二保证领导的生命安全。第三开得，使不得。你别看我开车，但是只要领导不用的时候，我也绝不私自开车，公私分明。

这个司机抓住了问题的关键，这就是口才的艺术，是这种艺术使第二个司机获得了成功。可见，会说话在人生的旅途中是多么重要。

智慧箴言

俗话说："一手漂亮字，一口漂亮话。"这是人出门在外的两块"敲门砖"，有此两项过硬的本领，就可以赢得他人的好感、获得成功的机遇。

好口才是成事的基础

说话的能力是成名的快捷方式，
它能使人显赫，鹤立鸡群。
能言善辩的人，
往往使人尊敬、受人爱戴、得人拥护。
它使一个人的才学充分拓展、熠熠生辉、事半功倍，
业绩卓著。

——汤姆士

很多人认为现代社会对人的要求过高，在具备专业技能的基础上还要求口才好。但事实上，对口才的要求和推崇并不是现在才有的，早在20世纪初它就已经受到重视。

如果说在20世纪“口才、金钱、核能”是世界发展的最有力武器，那么在21世纪，“口才、金钱和电脑”则是推动社会进步的新生力量。可见，不管时代怎么变换，口才一直受到社会的重视。

不管是生活还是事业，都有对口才的要求。在生活中具备好口才，可以顺畅地与人联络感情、沟通情绪，可以让家庭更加和睦、朋友更加友爱。而在工作中具备好口才，可以让你的观点更容易被人接受，获得

更多的支持。

事实上，一项事业的成败，常会在一次谈话中获得效果。如果我们出言不逊，无理与人争吵，那么，我们将不可能获得别人的同情、合作与帮助。

无数成功者的事例证明，善于说话是事业成功的催化剂，它直接影响事业的成败。

作为美国最著名的推销员，乔·库尔曼的经历是相当传奇的。他幼年丧父，成年后做过职业球手，然而不幸的是他因为手臂受伤，不能再继续当球手。但库尔曼并没有气馁，凭借着超凡的毅力，他成为美国薪水最高的推销员。他每天售出五份寿险的纪录至今无人超越。

在论及自己的成功时，库尔曼认为对他帮助最大的是那句话："您是如何开始事业的？"这是一句有魔力的话，它能帮助库尔曼敲开任何一个人的门。

有一次，库尔曼去拜访了一位繁忙的老板罗斯，每天都有好几个推销员找他，却都无功而返。当库尔曼遇到罗斯时，也遭到了同样的拒绝。但他没有放弃，反而与罗斯攀谈起来。当他问"您是怎么开始干这一行"时，罗斯的话匣子一下子就被打开了，滔滔不绝地与库尔曼讲起了自己的经历，甚至邀请库尔曼与自己共进晚餐，以便继续交谈。

此后，罗斯便成为库尔曼最忠诚的客户之一，从他的手上买走了很多份保险。

如果推销对象连话都不肯说，任谁也无法完成任务，库尔曼正是认识到了这一点，找到了对方最感兴趣的话题，打开了他倾诉的大门。

他的成功值得所有推销员借鉴，对于每个人都有参考价值，制造一个良好的突破口，你的事业从此会越来越顺利。

智慧箴言

君子不开口，神仙也难下手。一定要想办法打开客户的“话匣子”。有时候，与客户成为朋友，比赚取眼前利益要重要得多，因为与客户的朋友关系是一笔永久的财富。

言不在多，达意则灵

当一个人无话可说时，
一定说得十分多而拙劣。

——伏尔泰

并不是说得多便是口才优秀，能够用最简练的语言获得别人的认同，正确地传递出自己的信息，才是口才真正的价值所在。如果一个人滔滔不绝却都是废话，除了得到反感之外，别无任何价值。

莱特兄弟是飞机之父，他们给世界带来了最高效的交通工具。在1903年12月的一天成功飞离地面后，他们就成为全世界的明星，受到了很多人的邀请去发表演讲。

在法国的一次宴会上，莱特兄弟又一次受到邀请发表讲话。再三推托之后，莱特走上了讲台，他只说了一句话，却成为有史以来最精彩的演讲之一。他说："据我所知，鸟类中会说话的只有鹦鹉，而鹦鹉是飞不高的。"

这句话言简意赅，却博得了满堂喝彩。

作为被人尊敬的科学家，人们也许会认为莱特一定会说很多他辛苦研发的经过，他遭遇挫折的经历，以及不放弃的精神。但这一切都不是莱特所要表达的，仅仅一句话已经概括了他所有的经历，表现了他最值得别人学习的精神，那就是埋头苦干。

为了表达自己，人们总是喜欢运用华丽的辞藻、奇特的结构来讲述，认为这样就可以使自己的谈话更精彩，使自己的演讲更吸引人，然而他们却不知道朴素、简洁的语言也同样具有超凡的魅力。在剑桥大学的一次毕业典礼上，享誉全球的英国首相丘吉尔被邀请来做一次演讲。这一次演讲也将是丘吉尔一生之中最后一次演讲，大家都翘首以盼，希望可以听到他说一些自己成功的感悟，给学子们一些值得借鉴的经验。

当丘吉尔进入礼堂的时候，雷鸣般的掌声显示出大家的期待。可是丘吉尔却只说了一句话便结束了演讲。

他说："Never give up！"（永不放弃）

大家诧异地看着丘吉尔穿上外套走出会场，才反应过来，顿时掌声雷动。

毫无疑问，这是一次精彩的演讲，虽然是简单的一句话，但人们却看到了丘吉尔之所以能取得如此巨大成就的最根本原因。

在使用语言的时候，最忌讳的便是没有论点，而最有效的则是紧紧抓住自己的论点，在最短的时间内让别人领悟。著名美国作家马克·吐温曾经参加过一个慈善家的演讲募捐活动，他原本打算捐款100美元，可是在听完慈善家长篇大论的讲述之后，却一分钱都没有捐便离开了。因为他认为慈善家说得太多，已经忘记了他要说什么，反而浪费了听众的时间。

现代人都非常珍惜时间，认为时间就是生命和金钱，因此更要求我们在讲话的时候可以论点明确，少一些废话，多一分精练。简洁的语言更能引起人们的兴趣，只要抓住关键点，让别人领会我们的意图，便是最好的表达。

在成为美国总统之前，林肯曾经做过律师。而他认为自己之所以能够在官司中获得胜利，是因为他珍惜法庭辩论的时间，让法官和陪审团可以在最短的时间里接收到最有效的信息。为了达到这个目的，有时候他会放任对手无限度地发表观点，而自己抓紧时间只说最关键的部分。在某一次法庭辩论的时候，经过长时间的审判，大家已经非常疲惫，而对方律师却滔滔不绝地说个没完，一直用了两小时才说完，只留给林肯几分钟。林肯却用了不到一分钟的时间就说明了自己的观点，最后居然获胜。

智慧箴言

大多数人误认为好口才就是能说，其实不然，因为夸夸其谈往往会让我们联想到废话连篇，能用最简单的语言表达自己的意思才是口才好的表现，而这就要求我们能够找到交谈或辩论中的关键点，“抓住一点，不及其余”，往往会获得意想不到的效果。

用真诚的语言换取信任

在演说和一切艺术活动中，
唯有真诚，才能使人怒；
唯有真诚，才能使人怜；
唯有真诚，才能使人信服。
——李燕杰

人与人之间，无论是雇佣关系，还是朋友关系；无论是亲戚还是顾客，相互之间都应真诚相待。那么，我们该如何换来他人对我们的真诚呢？答案很简单，只有七个字，那就是：用真诚换取真诚。

在人际关系错综复杂的社会中，人们越来越认识到真诚的重要性。如果语言没有了真诚，就好像花朵失去了色彩，将不再具有任何的吸引力，它所能产生的效果也将大打折扣。没有人愿意投注自己的精力在那些虚假的语言上，只有漂亮的言辞又怎么能打动别人的心呢？

松下幸之助在创立松下电器之初非常艰辛，他总是和推销员一起走上街头，向人们推销自己的产品。可当时的日本人对于松下电器并不了解，所以总是砍价。而松下幸之助面对这种情况，每每都能以真诚打动别人，换取别人的信任，让产品得以顺利卖出。

在松下幸之助的传记中，他写出了自己的秘诀。他说：“我总是告诉人们，松下电器虽然是一家小工厂，但工人们都非常认真地工作，产品的品质绝对可以保证，为了获得消费者的认可，我们已经将利润降低到最少了。”这种语言虽然朴素，却赢在真诚，人们也就不好意思再和他砍价了。

语言的本质不过是人们沟通的工具，而真诚则是这工具所承载的情感，通过朴素而简洁的语言传递出去。当人们接收到这样的态度，自然也会拿出真诚来回应。

拳王阿里从年轻的时候便因超凡的拳术而驰名拳坛，是人们最崇拜的拳击手。但大家对他的了解也仅此而已，对于他的为人，并没有多少人知道。

在一次比赛期间，阿里的膝盖受伤了，现场的观众听说了这件事感到非常失望，因为他们都是购票进场，专门赶来一睹拳王风采的。阿里向裁判提出停止比赛的要求之后，大家的失望情绪更加浓烈，甚至开始叫骂。

此时，阿里拖着受伤的膝盖走上场，对所有的观众说：“我的膝盖受的伤病不至于影响到比赛，如果我坚持，还是可以上场。但你们一定不愿意看到一个受伤的拳王，为了不影响大家的兴致，我请求停赛，是为了等自己身体痊愈后，以最好的状态再为大家表演。”

这番话赢得了在场观众的掌声，因为阿里所表现的真诚，使人们更加崇拜他，虽然这一次他并没有打拳，却获得了最热烈的掌声。

真诚之所以可以打动人心，是因为它是真情实感，来自人们内心，真心为别人着想的人总是可以赢得别人的理解。阿里发自肺腑地解释能够获得观众的认可，也正是因为他从观众的利益出发，此举不仅换来了理解，更为他赢得了掌声和支持。

由于所处的位置和角度不同，人们对于同一事物的看法难免有所误差，这就需要大家都拿出理解的心态，而真诚正是这份理解的外在表现。当自己的感受得到了别人的理解，人们就会产生认同感，也拿出同样的真诚作为回报，这远比对抗更有利于我们沟通。凭借自己的主观意志指责别人不会给大家带来任何的好处，只有真诚的理解、关注才能赢得别人的认可，也只有真诚的语言才能打开别人的心扉。

智慧箴言

与人交谈，贵在真诚。有诗云：“功成理定何神速，速在推心置人腹。”如果你能用得体的语言表达你的真诚，你就能很容易赢得对方的信任，与对方建立起信赖关系，对方也可能因此喜欢你说的话，并因此答应你提出的要求。能够打动人心的话语，才可称得上是“金口玉言，一字千金”。

“坦诚”二字值千金

人无明镜自鉴必龌，
国无忠臣犯颜必亡。

——《大清圣训》

坦诚的态度能使我们广结善缘，使人生立于不败之地，能够缔造幸福美满的人生，并使社会祥和温暖。

美国著名教育专家卡耐基在强调口才的重要性时说：“假如你的口才好……可以使人家喜欢你，可以结交好的朋友，可以开辟前程，使你获得满意的结果。譬如你是一个律师，你的口才好，便能吸引一切准备诉讼的当事人；如果你是一个店主，你的口才会帮助你吸引顾客。”当然，好口才必须建立在诚信的根基之上，你不要以为这是小事，你的一生，或许正是因为你的坦诚而改变。

一个业务员在推销岗位上工作了十几年后，他突然有些反感和厌恶用强颜欢笑、编造假话、吹嘘商品等招徕顾客的习惯做法。他觉得不应该这样做，那样的话会给生活带来一种压力。为了摆脱这种压力，他决定以后要真诚待人，从此不再对顾客讲假话，要以一颗真诚的心来对待他们，即使被解雇也无所谓。出乎意料的是，当这种想法浮现在大脑后，他顿时觉得自己的心情比以往更加轻松起来。

这天，有一名顾客来到店里，问他店中有没有一种可自由调节高度的椅子时，他就随手搬来一把椅子，如实地向顾客介绍说："老实说，先生，这种椅子质量并不是很好，我们也经常会接收到顾客的投诉和退货。"

顾客说："是吗？可是我看到很多人家都在用这种椅子呀，我感觉它似乎还挺实用的。"

"也许是吧。不过，据我看，这种椅子不一定能升降自如。没错，它款式新，但结构有毛病。如果我隐瞒它的缺点，就等于是在欺骗您。"这位业务员耐心地给顾客解答。

客人追问："你说结构有毛病？"

"是的，它的结构过于复杂精巧，反而不够简便。"

这时，业务员走近椅子，用脚去踩脚踏板。本来要轻踩，但是他一脚狠狠踩下去，使椅子面突然向上撑起，正好撞到顾客扶着椅子的手上。业务员急忙道歉："对不起，我不是故意的。"

没想到客人反而笑起来，说："没关系，不过我还要仔细看看。"

"没关系，买东西如果不精心挑选，会很容易吃亏的。您看看这椅子的木料，品质并非上乘，贴面胶合也很差。坦白地说，我劝您还是别买这种椅子，不如看看其他牌子的，要不到其他店看看也可以，说不定那里会有更好的椅子。”业务员说。

客人听完这番话，十分开心，要求买下这把椅子，并马上取货。但是，等这位顾客一走，业务员立即遭到经理的训斥，同时被告知到人事部办理离职手续。过了一小时，业务员正整理东西，准备打包回家时，店内突然来了一群人，争相购买这种椅子，几十把椅子一下子就被卖空了。

原来，这些人都是刚才那位顾客介绍来的。看到店里生意如此火爆，经理大吃一惊，最后业务员不仅没被辞退，工资还提高三倍，休假时间也延长一倍。经理甚至还称赞他如实介绍商品的做法，是一种新型的售货风格，应该继续保持。

由此可见，坦诚更能换取他人的信任，从而得到丰厚的回报。

智慧箴言

人际交往中，坦诚的语言，往往会带来意想不到的效果，纸终究包不住火，刻意的隐瞒是行不通的。生意人更应该如此，想要财源不断，那么就要坦承自己商品的优缺点，这样才能顾客盈门。

倾听也是一种交流

如果独自一人时自言自语是一种愚蠢，
那么在别人面前倾听自己的声音更是双倍的不智。
——格拉西安

在与人交谈时，大家都希望自己可以掌控现场。为了表现这种掌控力，他们喜欢不断地表达自己，却忽视了关注对方，有时甚至会出现打断对方讲话的尴尬场面。对一个善于谈话的人来说，他并不会用一直说来作为掌控谈话的手段，适当地倾听别人讲话，做一个好的听众同样也是语言艺术中非常重要的部分。

在推销员这个职业的培训中，讲师总是鼓励他们多说话，而人们接触到的推销员也绝大多数会说个没完。基本上，在一次推销过程中，推销员会占据70%的讲话时间，而客户只有30%。这样的推销是成功的吗？不，这种推销员往往业绩平平。

有很多成功的推销大师并不是一直不停地在说，相反，他们总是强调倾听的重要性。在他们的推销时间中，自己只占了30%，而把更多的时间留给客户说。

杰尔·厄卡夫是美国自然食品公司的“推销冠军”。这天，他按照约定，精神抖擞地去拜访一位客户，可是到了这位客户家中的时候，客户对他推销的一种叫作芦荟精的保养品并没有表现出多大的兴趣。杰尔明白，这个时候自己若继续喋喋不休地推销，只能是徒劳无功。

当杰尔正在思考如何打破尴尬气氛的时候，突然看到这位女主人的阳台上摆着一盆漂亮的盆栽，便不由赞叹道：“好漂亮的盆栽啊！平常真的很难见到。”

女主人见这名推销员对自己钟爱的盆栽很是喜爱，便介绍道：“没错，这是一种很罕见的品种，属于兰花的一种。它真的很美，美在那种优雅的风情，同时也芬芳无比。还有，这个宝贝很昂贵的，一盆就要800美元。”

“什么？800美元？我的天哪！是不是每天都要给它浇水呢？”

女主人开始耐心地介绍自己钟爱的兰花，杰尔聚精会神地听着，并适时给予回答。

这一次聊天以杰尔的成功推销而结束，女主人爽快地买下了他的产品，并对他长时间的倾听表示感谢。

将倾听作为一种推销手段是对语言艺术的进一步提升，不说反而比说更好。学会倾听可以获得更多的信任，也可以更快地达到推销的目的。一名出色的推销员，在了解顾客感受的过程中必然要倾听，只有倾听才能让他知道自己接下来要说什么，从而做到有的放矢。

原一平是日本著名的保险推销大师，他曾有过这样一段推销经历：某天，他访问了一名出租车司机，出租车司机对他的推销毫无兴趣，并且坚定地认为自己一定不会去买保险的。

当时，这名司机答应再见一次原一平，原因是他听说原一平的家里有一台可以放彩色有声影片的放映机，而自己从未见过这种先进的机器。原一平并没有追着那名司机不断地去说服他，甚至当司机到他家来做客时，也绝口不提买保险的事。他播放了一个介绍保险的影片给客人观看，影片在结束时提出了一个问题：“保险可以为您带来什么？”

影片结束之后，客人陷入了沉思，客厅出现了短暂的安静。原一平并没有趁着他安静的时间说话，他给客人思考的时间。几分钟之后，那位司机忽然站起来，问原一平：“请问我现在还可以购买保险吗？”一张高额的人寿保险单就这样签成了，而这所依靠的并不是原一平不停地解说。

当别人需要表达和考虑的时候，给他们一段时间远比穷追不舍要来得有效，适当地保持沉默是更为明智的做法。

智慧箴言

既然人有两只耳朵、一张嘴巴，就已经说明了听比说更重要。推销工作虽然要求不断说话才能有进展，但如果忘记了倾听就会变得盲目。不忙于说话和不乱说话同等重要，语言艺术之中，聆听也是一门深奥的学问。

不随意打断客户的话

/
对别人的意见要表示尊重，
千万别说："你错了。"
——戴尔·卡耐基
/

对推销员来说，在与客户交谈时绝不能随意打断客户的话，而应让他将话说完，就算他的意见不符合实际情况，也要听下去，除非情况非常特殊。

在别人表达异议的时候，即便你认为他所说的并不成立，也不能因此而打断别人。聆听别人讲完话是对他最大的尊重，同时也是自己涵养的体现。就算他不接受你的建议，你所表现的这一涵养也会获得他的好感。

老王近几年经商赚了不少钱，于是把自己的平房拆掉，盖起了一套三层的楼房。当房子刚要封顶时，几个朋友前来道贺，并在他家吃饭。席间，来了一位专门安装铝合金门窗的个体户，与老王一见面就递了张名片。其实这个个体户是镇上的老张，老王也见过他几次，不过没有业务往来。

老张见到老王以后，便开始推销自己的产品。听完老张的介绍后，老王说：“虽然我们以前不认识，但通过刚才的一席话，加上几位朋友的介绍，我感觉你对铝合金门窗安装的经验很丰富，我也相信你能做得很好。不过是这样，在你之前我们厂里一名下岗职工已经向我提起过这事了，说他下岗了，门窗安装之事让他来做……”

老王的话还没说完，老张便插话道：“你是说那东跑西走的小张吧？他最近是给几家安装了门窗，但他那‘小米加步枪’式的做法怎么能与我们的专业技术比呢？”

这话不说还好，一说便马上让老王改变了主意，他接着说：“不错，他是手工作业，没有你们那先进的设备。但他现在已下岗在家，资金不够丰厚，只能这样慢慢完善。出于同事之间的交情，我也不能不给他做！”

结果老张只得怏怏地离开了。之后，老王对朋友们说：“这个老张没听明白我的意思，就把我的话给打断了。本来我是暗示他，做铝合金门窗的人很多，不光他一个人上门来找业务。我已打听过了，他做门窗已多年，安装熟练，而且也很美观。但他的报价很高，我只是想杀杀他的价格，可他的一番言语攻击了我同事的人品，我宁愿找别人，也不要让他来安装。”

聪明人知道自己应该在什么时候开口说话，但绝对不是在别人讲话的时候。因为打断别人除了显示你的鲁莽和无礼之外，并无任何好处。

每个人都希望自己的发言得到别人的重视，依此类推，即便是作为营销对象的顾客也并不希望只听推销员一个人说个不停。因此，给予别人讲话的时间，并表现出十足的倾听兴趣，将会是对他最大的鼓励，同时也能收集到更多的有效信息，何乐而不为呢?

不打断别人并不代表要顺从别人的观点，让顾客成为推销工作中的主导很有可能导致此次推销的失败。在掌握交谈的话语主导权基础上，应该适当地掌控话题的走向，让顾客去说自己希望听到的内容。而满足了顾客谈论的欲望之后，对他提出一些合理的建议，也势必会得到他的认可。

智慧箴言

销售的技巧很多，听客户把话说完，不随意打断客户的话，应该算是一种基本的礼貌。但是很多业务人员不能做到这一点，认为自己比客户说得少就是让客户占据了主动权，所以拼命接话头，这是一种大错特错的误解，不仅会使客户反感，也很有可能会因此丢掉生意。

对下属说话要留余地

谴责的话比敌人的行动伤人更深。

——普鲁塔克

在团队之中，由于分工的不同，必然会导致不同的位置，作为领导的上司拥有团队之中的权威地位，而下属则需要听命于上司。这种地位的差别很容易导致某些上司忘乎所以，成为不注意自己言辞的糊涂领导，导致团队出现不和谐因素。

仔细看来，上司和下属之间的本质是相同的，只是分工不同而已。下属也会有自己的情绪，上司也并不是每件事都正确。为了让团队可以有效地运作，上司和下属之间必须要注意言辞得当，保持融洽的合作关系。

多年前，通用电气公司面临一项需要慎重处理的工作——免除查尔斯·史坦恩梅茨的部门主管之职。史坦恩梅茨在技术方面是一等的天才，但他担任计算部门主管却是彻底的失败。然而，公司又不敢冒犯他，也绝对解雇不了他。

于是，公司给了他一个新头衔，让他担任“通用电气公司顾问工程师”——工作还是和以前一样，只是换了一个新头衔——并让其他人担任计算部门主管。

史坦恩梅茨在接到新的任命之后并没有因被调离岗位而不满，因为新的职位看上去比目前的主管职位更有面子，让他有一种荣升的感觉。这一良好的感觉使他暴躁的脾气没有发作，反而开心地投入新的岗位。而公司人力部门也因为保全了史坦恩梅茨的面子，避免了公司内部的一次风暴。

为了顾全一个下属的面子而费尽心思，看上去似乎有一些不值得，但事实上，因为面子而引起的麻烦会让公司的运转受到更大的伤害。为了保证大家能和谐相处，适当地考虑别人的感受是很明智的做法。当我们以上司、长辈等姿态来批评下属、晚辈的时候，如果可以更委婉一些、体谅一些，不仅可以减少对他们的伤害，还能减少很多不必要的争执。

有一位著名的人力资源专家曾经说过：解聘一个雇员并不会给我带来多大的享受。因为在解聘的过程中，这位专家不得不面对一个残忍的事实：雇员将要被所效力的公司抛弃。而这种感受会对雇员的感情产生很深的伤害，让他觉得自己没有受到应得的尊重。针对这种情况，这位人力资源专家提出了新颖的做法：在解聘雇员的时候，他并不会直截了当地告诉对方被解雇，反而会回忆他在这家公司所付出的辛苦劳动，并满怀真诚地赞美他、感谢他为公司所做的一切。这种做法让被解雇的人感受到体谅，认为自己所做的一切都是值得的，而解聘也变得轻松了。

佛雷德·克拉克在美国宾夕法尼亚州创办了一家机械公司，这里会聚了很多有才学的年轻人。然而在一次公司的生产会议上，副总裁却认为生产部门的工作不够认真负责，向部门总监提出了很多非常尖锐的问题。

事实上，这位副总裁提出的问题都在总监的职责范围之内，只要他接受这些意见就可以很快改进。但在会议上，当副总裁气势汹汹地质问他时，这位总监却觉得自己的尊严受到了伤害，于是问题也被搁置起来，以致公司浪费了很多时间。

法国作家安托·德·圣苏荷依曾经说："我没有权力去做或说任何事以贬抑一个人的自尊。重要的并非我觉得他怎样，而是他觉得自己如何，伤害他人的自尊是一种罪行。"即便是在下属发生了失误的时候，上司也应该体谅他的处境，因为工作的目的并不是挑某个人的错，而是寻找解决问题的方法。委婉地表达、和谐平等地协商，远比质问更容易解决问题。

智慧箴言

作为管理者，不可图一时之快严厉地批评甚至讽刺下属，对于下属的错误，一定要做出积极引导，即便是下属真的错了，也要注意自己批评时的措辞，使下属没面子很可能使自己失去一名好员工，甚至失去巨额利润。

谦虚让职场之路更开阔

良贾深藏若虚，
君子盛德，
容貌若愚。
——老子

一个人身处顺境的时候，往往容易得意忘形，而这也是他开始走向失败的前兆。不懂谦虚的人容易树敌，是因为他被骄傲蒙蔽了双眼，看不到别人的优点和进步，而一味地夸耀自己的成绩。在锋芒外露的同时，伤害到别人而不自知。

法国哲学家罗西法古曾经说过："如果一个人表现得比别人优越，那他必然会得到敌人；而如果一个人让别人表现得优越，那他会得到朋友。"当别人有良好的表现时，应该不失时机地表示肯定；而当自己有了优越的表现时，则应该想到自己的优越会让别人感受到压力，适当地收敛锋芒并不会伤害你所取得的成就，更不会消减你的形象，反而可以让别人感受到你的体贴与善意，从而获得更多的朋友。

一个人不断挑战周围人的尊严，必然会引起别人的反感和排斥，在工作场合养成这样的坏习惯，只能是孤立无援。同事之中往往会有人表现得狂妄，就算他才思敏捷也不能赢得同事们的喜爱。因其处处显示优越感的行为早已失掉了自己的威信，成为大家眼中不受欢迎的人。中国古代著名的思想家老子也曾经说过："良贾深藏若虚，君子盛德，容貌若愚。"正是说明君子应该像聪明的商人隐藏宝物一样谦虚地表达自己的品德，懂得收敛锋芒。一个总是喜欢炫耀自己优点的人，也会在无意中将自己的缺点暴露出来。

谦虚并不等于不表现自己，充分展示自己的优势是当代社会的要求，而在展示自己的过程中找到适当的方式、方法，则需要良好的技巧。一个真正优秀的人，懂得让别人注意到自己优点的同时，也会对自己心生好感，从而肯定自己的优点。

小刘是刚刚从大学毕业的新教师，她博览群书，对最新的教育理论和教育方式有些研究，讲课时也因幽默风趣，颇受学生欢迎，以致引起一些任教多年却缺乏这方面研究的老教师的嫉妒。小刘也发现了这个问题，为了改变自己的处境，她故意在同事面前大谈自己的劣势，说自己缺乏教学经验，对学校和学生情况不了解等，并非常诚恳地向老教师们强调："希望老教师们多多给予指教。"

就这样，小刘"自暴劣势"后，终于有效地淡化了自己的"危机"，同时衬出了其他老教师的优势，减轻和弱化了他们对自己的敌视。

勇于展示自己的优点值得肯定，而适当地暴露出自己的缺点，则是为了让大家对自己有更清晰的认识，从而愿意伸出援助的双手。小刘的做法为她赢得了老教师的支持和帮助，正是她聪明的地方。

自我表现是一个人内在的心理需求，一味地讲求谦虚而不去表现，反而会表现得矫揉造作，并且会失去成功的机会。在热情和诚恳之间找好适当的位置，拼搏时用尽全力，而在他人需要帮助的时候热忱相助，不去刻意地美化自己，则会更易于让周围的人接受你。

善于交流的人都善于表现自己，而他们并不会一味地突出自己，他们所表现的适当谦虚会烘托出其他人的优秀，这种方式让他在同事之中更受欢迎。过于出风头的人不会成为受欢迎的人，因为他总喜欢将自己和同事对立起来，用来烘托自己。保持谦虚的态度，是工作和生活中应该坚持的基本原则，只有这样才能在赢得别人赞赏的同时又不会惹来别人的非议，从而更好地完成工作。

智慧箴言

与同事的关系如何，直接影响自己的工作、晋升空间。所以在职场中，要与同事保持“朋友”的关系，做到谦虚上进，这样既能给自己的工作带来很多便利，又能为自己赢得同事的肯定、领导的器重。

赞美让人生之路更畅通

赞美是最美丽的诗歌。

——歌德

“人人都爱听好话”，这虽然是一句俗语，却真实地反映了一项说话的艺术——赞美。无数心理学家都在提醒我们：要想获得一个人的好感，首先必须从心理上与他亲近，这是让别人接受你的捷径。如果一个人有求于人，恰当地使用赞美则可以达到意想不到的效果。

人们都渴望着被别人肯定，赞美是对他人优点的正面肯定，让他人认识到自己的价值，自然会在心理上产生愉悦。赞美是人际交往过程中无往不利的催化剂，就算是再冷漠的人，听到别人对自己真诚的赞美也会露出微笑。这种可以随时随地使用的语言利器既然如此有助于我们的生活和工作，为什么不多多加以利用呢！

有个京城的官吏要调到外地上任，临走前他去向恩师辞行。他的老师对他说：“外地不比京城，人生地不熟的，你在那儿做官很不容易，所以，你应该学会谨慎行事。”官吏说：“没关系，现在的人都喜欢听好话，我呀，准备了100顶高帽子呢，见人就送他一顶，就不会有什么麻烦了。”

谁知，恩师听完以后很生气，他以教训的口吻对这个学生说：“我曾经反复告诫过你，做人要正直忠厚，对人也该如此，你怎么能这样？”官吏说：“恩师息怒，我这也是无奈之举啊，要知道，天底下像您这样刚正不阿、不喜欢戴高帽的人能有几个？”官吏的话一说完，恩师就得意地点了点头。

走出恩师家之后，官吏对他的朋友说：“我准备的100顶高帽子现在只剩99顶喽！”

虽然这是一个玩笑，但在引人发笑的同时也引人深思，它显示出赞美无比宽广的适用范围，不管是什么人都不会拒绝它，也不会因为它而引起不满。即便是那位“正直”的老师也会在听到学生的赞美时含笑应许，因为赞美正是针对人们对尊重的需求，让受到赞美的人感受到尊重。

在某城，一家文化公司欲建一座现代化的写字楼。这一天，公司张经理在工作时，家具公司的工作人员小波找上门来推销办公家具。“哟，好气派！我从来没有见过这样漂亮的办公室。如果我有一间这样的办公室，我这一生的心愿就都满足了。”

小波这样开始了他的谈话，他用手摸了摸办公椅扶手，说：“这不是红木吗？这可是难得一见的啊！”“是吗？”张经理的自豪感油然而生。说完，不无炫耀地带着小波参观了整个办公室，兴致勃勃地介绍设计比例、装修材料、色彩调配，兴奋之情，溢于言表。结果可想而知，小波顺利地拿到了张经理签字的办公家具订购合同。

著名的成功学大师卡耐基不管走到哪儿都很受欢迎，一位企业家曾揭示了他的秘密："他会和任何人握手，并且鼓励你、赞美你。这样的人又怎么会不受到大家的欢迎呢？"赞美与奉承不同，奉承是虚假的客套和毫无来由的夸奖，而赞美则是对别人优点的真诚赞赏。奉承可以换取一个人暂时的好感，但当他恢复理智之后，却会因为这种虚伪的言辞而对其更加疏远。赞美却能够赢得一个人永久的亲近，因为被赞美者深切地感受到他所受到的尊重与重视，自然会付出百倍的热情和真诚回报给赞美者。

智慧箴言

赞美别人绝对是一种产出大于投入的人脉投资，它不仅会让你收获一份好心情、好人缘，更会为你带来巨大的物质回报，所以，为什么不学学如何赞美身边的人呢？经常恰当适时地赞美他人，一定会为你带来意想不到的效果。

第三章

巧用幽默的力量

语言艺术里有一种境界叫幽默。有人说幽默的脸是美丽的，幽默的笑是友爱的，幽默的心态是乐观的，幽默的意志是坚强的，幽默的品格是豁达的……幽默包含着人生非同一般的大智慧，如果我们学会了利用幽默的力量，那我们就能克服一切困难和迷惑，取得人生的成功，直达人生的最高峰。

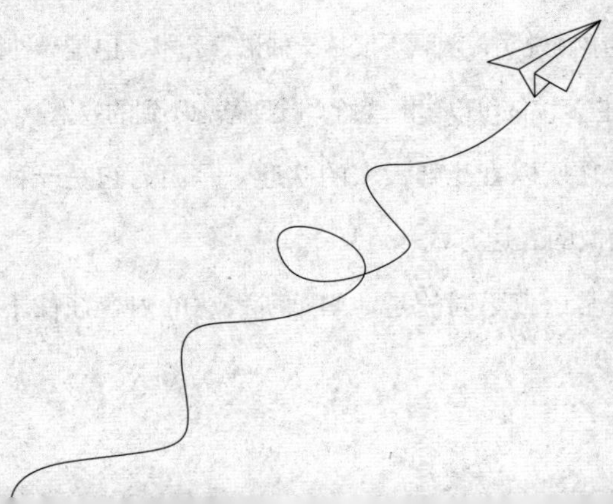

幽默是一件美丽的外衣

我很怀疑世人是否曾体验过幽默的重要性，
或幽默对于改变我们整个文化生活的可能性——幽默在政治上、
在学术上、在生活上的地位。

——林语堂

美国的一名心理学家说过：“幽默是一种最有趣、最富有感染力、最有普通意义的传递艺术。”是的，幽默之美，首先在于它的趣味性和感染力。

这天，一位神采奕奕的老教授健步走向讲台，突然，他绊在一个学生的脚上。学生惊慌失措，教授反而转身向这名学生抬了抬自己的帽子，表示道歉。然而，刚转过身的他又绊在讲台前方的一个废纸篓上。学生们强忍住笑意，老教授于是又转过身去向废纸篓抬了抬他的帽子。

上述事例说明，幽默不仅是一种语言艺术，也是一种行为艺术，恰如其分地运用它，往往可以化解尴尬，收到意想不到的效果。

幽默之所以会受到大家的欢迎，是因为它是一种含蓄委婉、充满了轻松愉悦的表达方式。

同日常语言不同的是，幽默所表达的内容往往不会很直白，需要人们经过一番品味之后才能感受到其中真实的含义。而这个品味的过程则充满了乐趣，它反映出人们的学识修养和情商，这种情形类似于喝茶——回味才是最重要的！

一天，监狱里的三个囚犯在百无聊赖之际回忆起了过往，纷纷感慨如果拥有自由之身将是一件多么美好的事情……

聊天中，甲问乙："你究竟做了什么事，被关到这里来了？"

乙回答说："因为我在1953年骂了伊万诺维奇。"

乙又问甲："你为什么也被关到这里来了？"

甲回答道："和你一样，我也是因为骂了伊万诺维奇。不过，我是在1963年。"

他们两人同时问丙："你是因为什么被关在这里的呢？"

丙凄惨地笑了笑："你们虽然不认识我，但你们早就听说过我，我就是伊万诺维奇，我是1973年被关进来的。"

这则小小的故事并没有义正词严地去谴责强权者，反而只是用一句话就说明了强权者最后的下场是跌进自己所制造的牢笼中。这种表达方式轻松、愉悦，让所有人都会心一笑。

这天，某电视台的摄影师被紧急通知跟随一名记者前往事发地进行采访，因为匆忙，摄影师带了一台坏掉的机器就出发了。无奈之际，只好借用一位路人的家用小相机应急。不料那位小相机的主人却带着几分嘲讽的语气说："早知道您用这种小机器，我就自己拍好送给您！"

摄影师回头一笑："这也就是为什么要我来拍的道理！"

摄影师这句话不仅不失幽默，而且含蓄地予以了路人还击——"就是因为不敢用你老兄拍出的烂东西，所以还得我这位专家出马！"

如果摄影师果真将前面一大段讲出去，则会演变为正面的冲突，那样不仅影响工作的进程，也有损于自己的形象。而那淡淡又短短的一句幽默，既维护了自己的尊严，又给予对方有力的还击。

幽默有时候就如同一件美丽的外衣，既能化解尴尬和纠纷，又能突显表达者的涵养和气度。

智慧箴言

幽默总是于诙谐的言语中蕴含着真理，体现着一种艺术美。因而，幽默也是乐观健康、情调高雅的。攻击他人缺点的"幽默"则不能称之为"幽默"。

幽默是智慧的化身

没有机智的人，
不可能表现出高度的幽默。
——梁实秋

幽默不是深思熟虑的产物，而是随机应变、自然而成的结晶。幽默往往与快捷、奇巧相连。幽默往往需要智慧来支撑，离开了智慧，幽默就失去了源泉。

真正高级的幽默，往往出现在最恰巧的时机，给人灵光一现之感。而且不会太过直接，因为幽默多少带着几分戏谑，如果太直接，难免尖刻伤人，所以要绕个弯子来，品位才显得高。

一位风度翩翩、谈吐不凡的乘客被带到了火车的问讯室，正在接受列车长严厉的审问。

“刚听我们的列车员说，你曾20次到北京，都没有买过车票，对此，你如何解释？你知不知道这是违法的行为？”列车长严肃地问。

“是的，刚才列车员检票时，我的伙伴手忙脚乱地寻找自己的车票，他翻遍了身上所有的口袋，终于找到了……”这位乘客回答。

“请正面回答我的问题。”列车长打断了他的话。

“是的，先生，请您听我把话说完。然后我就开玩笑地告诉我的伙伴，找不到也没关系，我曾20次去北京都没有买过票。”

列车长怒不可遏，准备下车后将他交至公安局。

“很简单，我是开着汽车来的。”乘客继续说。

列车长终于无言。

一天，俄国学者罗蒙诺索夫神情悠然地走在大街上，遇见了一个衣冠楚楚、不学无术的纨绔子弟。纨绔子弟闻听他便是著名的学者罗蒙诺索夫，本想前去恭维一番，但看到罗蒙诺索夫裤子上的破洞时却挖苦他说：“在这个破洞里，我看到了您的聪明才智。”罗蒙诺索夫则毫不客气地回敬：“先生，从这里我却看到了另一个人的愚蠢。”

裤子上的一个破洞成为纨绔子弟嘲笑罗蒙诺索夫的依据，他自认为自己的嘲笑很幽默，但罗蒙诺索夫却以他自己的方式给予了还击，让他无地自容。可见幽默者首先要有敏锐的思维以及强烈的自信。

周恩来也是一代幽默大师，他的幽默同样充满了智慧。

安娜·路易斯·斯特朗虽然是一名美国记者，但她却一直致力于宣传中国在世界上的形象。这位中国人民的老朋友在举办八十寿宴的时候，周恩来总理也欣然出席。

在宴会上，人们都恭喜安娜·路易斯·斯特朗长寿，而只有周恩来独辟蹊径地说："斯特朗女士其实还很年轻呢！"在众人大惑不解的时候，周恩来笑着用中国的计量单位斤、里都比国际上所通用的公斤和公里要小的例子，说明斯特朗虽然80岁了，但在中国却只能算是40岁，因此她还非常年轻。

这一番解释赢得了满堂喝彩，女士们都喜欢别人说自己年轻，在周恩来提议下，大家都举杯祝贺斯特朗女士40岁生日快乐，让她开心得笑出了眼泪。

英国作家狄更斯也曾用幽默为自己解了围。

狄更斯在工作之余，十分喜欢钓鱼。一次，他独自一人来到河边钓鱼。正当他专心致志地钓鱼时，一个陌生人走了过来，说："先生，您在钓鱼吗？收获如何啊？"

"是啊，我在钓鱼。唉，别提了，今天也不知道怎么了，愣是没有一条鱼上钩，可就在前些日子，也是在这个地方，我却钓到了整整一桶鱼！"狄更斯有点抱怨又有点骄傲地回答。

"是吗？看来先生今天的运气不怎么好啊！"陌生人摆出一副得意的面孔，"我的朋友，您知道我是谁吗？我是这条河的管理人员，这段河面是严禁钓鱼的！按照规定，我要对您进行罚款。还有，您要对您那天钓走的那一整桶鱼做出赔偿。"

说着，自称是管理人员的人便从口袋里掏出一本单据，准备开罚单。

见此情景，狄更斯连忙反问：“那么，亲爱的朋友，您知道我是谁吗？”

狄更斯赶紧补充说：“我是作家狄更斯，您不能罚我的款，因为虚构故事是我的职业。”

狄更斯靠自己的灵敏和机智，通过幽默的语言，为自己辩护，顺利地脱身。

智慧箴言

幽默不仅仅是一种语言的艺术，更是生活的艺术、智慧的艺术。如果一个人不具备智慧，不具备对生活的细致观察，也就不能有幽默的语言。它能折射一个人的生活态度以及修养，也能带动周围的世界变得快乐。

幽默的人最豁达乐观

幽默是一切智慧的光芒，
照耀在古今哲人的灵性中间。
凡有幽默素养者，
都是聪敏颖悟的。
他们会用幽默手腕解决一切困难问题，
而把每一种事态安排得从容不迫，恰到好处。
——钱仁康

豁达是一种大度和宽容，豁达是一种美德，豁达是乐观、豪爽，是博大的胸怀、洒脱的态度，也是人生的最高境界之一。而幽默的语言艺术恰恰向人们展示了豁达这一良好品格。幽默是对人性的一种肯定，亚里士多德就曾经说过："幽默发现正面人物在个别缺点掩饰下的真正本质。我们正是这样不断地克服缺点，发展优点，这也就是幽默对人的肯定的力量所在。"

巴尔扎克是19世纪法国最著名的作家之一，他创作的《人间喜剧》被称为法国社会的"百科全书"。即便如此，他的大半生时光仍旧是贫困潦倒。

一天晚上，巴尔扎克正在租住的小房间里睡觉，忽然有个小偷爬了进去，在他的书桌上胡乱翻找。巴尔扎克被吵醒了，但他并没有喊叫，而是悄悄地爬起来，点亮了灯，面带微笑而又平静地说："亲爱的朋友，别翻了，我白天都不能在书桌里找到钱，现在天黑了，你就更找不到了。"

豁达不是伟人的"专利"，普通人也能拥有这种品质，分享这种快乐。

一名公司职员在晚上加班结束之后，去一家小餐馆用餐，吃到半饱之时，他在自己的碗中发现了一块小石头，于是赶紧喊服务员过来。当服务员赶来时，他表情平静地朝自己的碗里指了指，说道："请帮我把这块石头抬出去好吗？"服务员自知理亏，赶紧道歉，并重新盛了一碗饭上来。

美国一位前总统曾经说过："世界上有三件事是真实的——上帝的存在、人类的愚蠢和令人好笑的事情。前两者是我们难以理喻的，所以我们必须利用第三者大做文章。"

罗杰斯和苏瑞是楼上楼下的邻居。罗杰斯担任酒吧的主唱工作，因此总是很晚回家。最让苏瑞受不了的是，罗杰斯几乎每天晚上回到家后都会打开收音机听一会儿，这严重影响了苏瑞的睡眠。这天，苏瑞忍无可忍，上楼敲开了罗杰斯的房门，并说："亲爱的朋友，请把你的收音机借给我用几天好吗？""怎么，你也喜欢晚间特别节目吗？"罗杰斯兴奋地说，还以为找到了知音。"不，我只是想夜里安安静静地睡上一觉。”苏瑞回答。

婉转表达是一种幽默，幽默不是得理不饶人，也不是生硬地对抗，而是用一种柔和的方式让错误的一方更好地认识到自身的错误，从而积极修正不正确的行为，同时这也展现了表达者的豁达和宽容。

晚饭过后，萧伯纳决定去街上走走，不料被一个骑车的冒失鬼迎面撞倒在地，幸好只是受了一点皮外伤。骑车人急忙将萧伯纳扶起，并连声道歉，可是萧伯纳却做出惋惜的样子说：“小伙子，你的运气不太好啊，如果今天你把我撞死了，就可以名扬四海了！”

没有责怪，没有愤怒，也没有谩骂，萧伯纳以一种幽默豁达的态度原谅了这个冒失鬼，相信这个冒失鬼也从中吸取了教训。

人与人在相处的过程中，难免会发生矛盾冲突，由于某种原因，当你必须对朋友当面提出批评或建议时，不妨采取上面这种曲折暗示的方式，这样既能表达你的意见，又能避免短兵相接、激化矛盾，还能表现你豁达大度的良好修养，何乐而不为呢?

智慧箴言

豁达乐观是人类美好的品行操守之一，一个遇事豁达乐观的人，他的思想是积极的，他的生活是愉快的，他们通常能够超然物外，不受世事羁绊。而豁达乐观却时常需要通过幽默这一手段来展现。

幽默为你梳理人际关系

/
一个真有幽默感的人别有会心，
欣然独笑，
冷然微笑，
替沉闷的人生透一口气。
——钱锺书
/

学会运用幽默的艺术，就能与人相处得很融洽；掌握了幽默的技巧，就会朋友遍天下。

我们每个人都想拥有优质的人际关系，优质的人际关系是我们事业成功、生活幸福的重要保障之一。然而，现实生活中，我们在与人相处时，不可能总是一帆风顺，很多时候，由于某种原因，我们也会被他人误解，甚至被嘲笑、被轻视。这时，如果我们任由失控的情绪发泄，就会造成人际关系的严重不和谐，将为自己的生活和工作带来极其不好的影响。而幽默则是帮助我们梳理人际关系的良好工具，很多情况下，我们都不妨一试。

被视为美国历史上最伟大总统之一的罗斯福是身残志坚的代表人物。由于身体方面的缘故，他的体力不及常人。年轻时，他曾与人到一个农场去伐树，到了晚上收工时，他的领队询问白天每人伐树的成绩，同伴中有人答道：“塔尔砍倒了53棵，我砍倒了49棵，罗斯福这个笨蛋只砍倒了17棵。”

听了此话，罗斯福心里非常难过，当罗斯福就要发怒时，他突然想到自己砍的树的确很少，简直和老鼠筑巢时咬断树根一样，不禁笑着说：“你说得不对，我是用牙齿使劲咬断了17棵。”

生活中的很多人在与他人交往相处的过程中听不得半点“逆耳之言”，别人的言辞但凡稍有不恭，便极力辩解，甚至大发雷霆。其实这些都是不明智的做法，不仅不能赢得他人的尊重，反而会让人觉得你不易相处。

做人，就是要学会“为人处世”，学会与各种各样的人建立起良好的人际关系。当遭遇别人的嘲笑或攻击时，不妨保持一种随和、幽默的姿态，这样便可以轻而易举地克服人际关系中的障碍。

夏日傍晚，一辆破旧的公交车上挤满了人，空气混浊得几乎令人窒息。加上人与人之间的拥挤，工作了一天的人们都没有愉快的表情。这时，一名中年男性乘客突然高喊道：“各位，大家都吸一口气，缩小些体积，我挤得受不了啦，快成照片了！”大家忍不住笑了起来，表情不再那么沉重，陌生人之间仿佛在瞬间变得亲近了起来。

能够活跃气氛的“活宝式”人物无论到哪里都会备受关注和欢迎，上述故事中的中年男性无疑非常成功地扮演了此角色。

茫茫人海，找到志同道合的朋友并不是一件容易的事情。其实，交友并不难，难就难在交友的方法上，幽默交友有时候不失为一种有效的方法。陌生的朋友见面，如果幽默一点，气氛将变得活跃，交流将变得顺畅。

在一条狭窄的小胡同中，两辆三轮车迎面而来，不期而遇。两辆三轮车的主人是两位倔强的老者，他们俩对峙在小胡同中，谁也没有给谁让道的意思。过了一会儿，其中一位拿出一沓厚厚的报纸看了起来，另外一位也耐不住了，高声喊道："喂，老哥，今天有什么新闻啊？看完后借我看看啊！"

正在看报的老者被逗乐了，于是主动倒车让道。通过后来的聊天，两人志趣相投，竟然还成了很好的朋友。

上面小故事中向人借报看的那位老者充分发挥了幽默的艺术。所以，当我们与陌生人发生冲突的时候，不妨也学着幽默一点、大度一点，这样矛盾也许很快可以化解，敌意也会变成友谊。

朋友间的幽默方式很多，只要"幽"得开心、"默"得可乐就可以了。

小仲马是19世纪法国著名的剧作家。有一次，他的一个作家朋友的剧本上演了，邀请小仲马同去观看。"一个，两个，三个……"小仲马坐在最前面，不停地回头数。

"你在数什么呢？"朋友疑惑不解。

“我在替你数打瞌睡的人。”小仲马风趣地说。朋友哈哈大笑。

后来，小仲马的《茶花女》公演了，于是也邀上次那个作家朋友同去观看。这次，那个朋友也回过头来找打瞌睡的人，好不容易也找到了一个，说：“呀！今晚也有人打瞌睡呀！”小仲马看了看打瞌睡的人，说：“你不认识这个人吗？他是上一次看你的戏睡着的，至今还没醒呢！”

真正熟识、了解的朋友之间往往是需要互相打趣的，这样生活才有乐趣可言。太过客套、太过拘束的两个人一定不是真正意义上的朋友。当然了，友谊是需要建立在真诚的基础之上，离开了真诚，一切将无从谈起。

“爱人者人恒爱之，敬人者人恒敬之。”交朋友要以诚为本，朋友之间要以诚相待，互相尊重，互相理解，互相关心，互相帮助，但也不能过于客套或掩饰。

智慧箴言

人人都喜欢和有幽默感的人交往，因为跟这些人聊天是一件很开心的事。所以有无幽默感，直接影响着一个人人际关系的好坏。

幽默帮你赢得芳心

/

我主张“游戏人间”，
看任何东西，
要有点游戏式的幽默感。
很多事严肃不得，
恋爱与婚姻都是，
不用严肃，
认真即可。

——吴淡如

/

美好的爱情往往是可遇不可求的，我们要善于运用幽默，抓住身边的每一个机会，在一见钟情的时候，用幽默的语言表达出我们内心深处的爱恋。

当你在生活中遇到一个心仪的女孩，她花容月貌、亭亭玉立、气质不凡，深深地吸引了你。这时，你应该怎么办呢？

可能很多人都会觉得这样的女孩可望而不可即，不敢上前攀谈。事实上，几乎所有的女孩都以被人追求而自豪！所以，勇敢地把握住上天赐予你的怦然心动的机会，以幽默的语言作为手段，与你心仪的女孩攀谈吧！我们来看看法国著名领袖戴高乐将军是怎么做的。

1920年，在巴黎某次盛大的舞会上，戴高乐上尉一眼就看上了人群中美丽端庄、光芒四射的汪杜洛小姐，于是他鼓足勇气，走到这位小姐面前，风度翩翩且十分有礼貌地邀请她跳舞。汪杜洛小姐欣然同意。在跳舞的过程中，戴高乐上尉真诚地说："能够认识你，小姐，我感到非常荣幸，是一种莫名其妙的荣幸……"而汪杜洛则说："上尉先生，我不知道还有什么话比您的话更动听、比此刻的时光更美好……"他们一边跳着舞，一边互诉爱意，当第六支舞曲结束时，他们已经山盟海誓，定下终身了。

这恐怕就是人们常说的一见钟情吧，这种浪漫的际遇可遇不可求！戴高乐上尉之所以能够轻易俘获美丽大方的汪杜洛小姐的芳心，除了他的个人魅力外，还在于他对汪杜洛小姐发自内心的真诚的赞美。另外，他那句"莫名其妙的荣幸……"难道不带有一丝淡淡的幽默味道吗？

如果你也获得了戴高乐一样的机会，你是否能够把握住，赢得美人芳心呢？

其实幽默也是需要信心和勇气的，如果被对方的傲气所征服，自己内心不能坦然地面对，就不能展示出你的幽默。当你心中对自己无比自信，并且可以轻松地面对这个人时，自然谈笑风生，用幽默的语言去吸引她，从而让她注意到你的优点。

小志在一家广告公司上班，他工作踏实努力，业绩不俗，但在追求女孩子方面却显得有些木讷，因此一直处于单身状态。最近，他在乘坐电梯时总能遇见一个漂亮秀气、举止优雅的女孩子，内心很是喜欢。

虽然几乎每天都会遇见这个女孩子，但小志却迟迟不敢与她搭讪、接触。

这天中午下班后，小志看见这个女孩独自一人走进了一家牛肉面馆，于是毫不迟疑地跟了进去。

他鼓足了勇气，有点紧张地问女孩："经常在电梯里碰见你，请问你叫什么名字？"

女孩抬头看了看他，漫不经心地说："我叫意大利面啊！"

她显然不想报上真名，但小志没有气馁，他开口道："这么巧啊，我叫加州牛肉面！"

女孩被逗乐了，冷漠的脸上立刻露出了灿烂的笑容。后来，这位"意大利面"真的和"加州牛肉面"走到了一起，这真是幽默的神奇魔力。

在和陌生人接触的时候，人们往往会因为紧张而乱了阵脚，有时候只好预先想好自己要说什么，但这种不灵活的做法无法应对现场的变化，带来的常常是失败。

幽默是随机应变的，它需要机智，也需要敏锐地对现场变化做出反馈，只有这样的幽默才能真正发挥出效力。

在人际交往的过程中，几乎每个人都有说错话的经历，人因为犯错才显得更加可爱。说错话并没有什么可怕的，只要你能运用幽默，迅速拿出补救措施，就能化解尴尬。

在一次聚会上，一位男士对坐在他对面的女士产生了好感，为了引起她的注意，就与她搭讪道：“见到你很高兴，你丈夫怎么没来？”

“对不起，我还没有出嫁……”

“明白了，你丈夫是个光棍儿！”

这位女士先是被男士问得十分尴尬，但马上被男士的话逗得脸上有了笑容。男士带有冒犯性质的问话非但没有惹恼女士，反而使女士从男士的答话中体味到他的幽默气质。后来，他们成了一对情侣。

智慧箴言

在这个世界里，幽默始终扮演着一个守护神的角色，在危急时刻，它给人提供安全感；在悲剧时刻，它会引导其向喜剧方向发展。在爱情中，如果你能够将幽默运用自如，一定会品尝到爱情果实的独特芬芳。

用幽默营造家庭的和谐

和聪明的人恋爱很快乐，
因为他们很幽默，
会说话，但也时时存在着危机，
因为这样的人容易变心；
和老实的人恋爱会很放心，
但生活却也非常乏味。
——高寒

幽默是家庭生活的润滑剂，它能给家庭带来阳光和春风。

身处婚姻的围城之外，很多男男女女都会对它抱以无限的憧憬：可以朝夕相伴、长相厮守，可以一起为了某个目标而努力奋斗，可以一起布置自己温馨的小家……但是，任何事情都有其两面性。朝夕共处、卿卿我我固然甜蜜，但时间久了，难免不滋生厌倦感。台湾著名作家戴志晨先生说：“婚姻是人世间‘老化’最快的一种关系。结婚后，新郎、新娘都在一夕之间变成老公、老婆。”事实上的确如此。针对爱情的老化问题，戴志晨先生开的处方是“幽默”，他说：“懂得夫妻幽默之道的人，可以防止婚姻老化，使双方永远做英俊的新郎、漂亮的新娘。”

小吴和小艾是青梅竹马的恋人，由于父母的阻挠，两人的感情一直没有得到顺利的发展。几经波折，有情人终于走到了一起。

然而在经历了婚后几个月短暂的甜蜜和幸福后，由于鸡毛蒜皮的小事，两人总是争执不断。在一次激烈的争吵中，小艾厉声说道：“天哪，这哪像个家！我再也不能在这样的家里待下去了！”说完，就拎起自己放衣服的皮箱，夺门而去。小吴并不是性格倔强的人，这么多年，小艾每每发脾气，他都习惯了。于是赶紧追出门去，大喊：“小艾，等等我，咱们一起走！这样的家有谁能待下去呢！”听到这话，小艾忍不住“扑哧”一声笑了，两人重归于好。

夫妻相处，宽容和理解很重要。在婚姻的“保卫战”中，有的人懂得怎样去保护自己的幸福，保持爱情的活力。他们以幽默来代替粗鲁无礼的语言，解决日常生活中的分歧。虽然他们也相互挑剔，也会产生纷争，但是经由幽默调节后，一切纷争都显得微不足道了，经历了冲击后的爱情生活反而显得更加活跃。

著名的哲学家苏格拉底为世人所敬仰，然而少有人知道的是，他的妻子脾气火暴，无愧“泼妇”之称。对此，苏格拉底不以为意，反而自我解嘲说：“有这样的妻子好处很多，可以帮助我修炼耐力、提升修养。”有一次，这位“泼妇”妻子又对苏格拉底发起脾气来，大吵大闹，苏格拉底忍无可忍，只好退避三舍。

谁知道他刚走出家门，怒气未消的妻子就从楼上倒下一大盆水，把苏格拉底浇得像只落汤鸡。苏格拉底打了个寒战，无奈地说道：“我早就知道，响雷过后必有大雨，果然不出所料。”这位泼辣的妇人自知理亏，当然也心疼丈夫，赶紧出门将苏格拉底追了回来。之后，她火暴的脾气也收敛了许多。

哲人毕竟是哲人，他有着不同凡人的豁达、宽容和幽默，他懂得化解矛盾的委婉迂回的措施。家庭生活中，如果夫妻双方都能学习一点苏格拉底的这种精神，那么生活必将更加美好，处处洋溢着欢乐。

通常情况下，善于以幽默作为双方摩擦和争执润滑剂的夫妇，他们获得的幸福比其他家庭都多。幽默就是这么高超的艺术。

小美和辉辉新婚宴尔，甜蜜之至。这天下午，小美撒娇道：“亲爱的，你能把昨天换下来的脏衣服洗一下吗？”辉辉说：“不，亲爱的，你看我还在午睡呢！”小美不乐意了：“我只不过是考验你一下，其实衣服都已经洗好了。”辉辉说：“亲爱的，我也只是和你开玩笑，其实我很愿意帮助我的小娘子洗衣服的。”小美：“我也是在和你开玩笑，既然你愿意，那就请你快去干吧！”辉辉不得不佩服小美的幽默和聪明，高高兴兴地洗衣服去了。

在家庭中，不仅需要有温柔的感触，也需要有不断激荡的热情和活力。这种热情和活力可以表现出爱情的灵巧、有趣，它能使爱情富有朝气。

如果你觉得生活太过平淡，幽默就能为这种平淡增添欢乐。它不仅可以让人们心情愉悦，也可以促进人们之间的感情，营造温馨、愉快的气氛。夫妻之间的幽默可以让争吵变得甜蜜，也可以让两个人感受到对方的情趣，让爱情变得更美好。

这天，一对夫妻又因为一点小事吵得不可开交，妻子一气之下提出要离婚。去民政局的路上，要经过一条小河。丈夫因为身体很强壮，并不害怕河水的冰凉，神情自若地脱掉鞋子，准备蹚水过河。妻子却在河边犯起了难。丈夫回过头温和地说：“我背你过去吧。”妻子没有拒绝，但是没走多远，妻子突然说：“算了，咱们回去吧！”丈夫诧异地问：“为什么？”妻子不好意思地低着头说：“离婚回来的时候，谁背我过河呢？”

只要一方能针对矛盾的具体情况，采取相应的沟通方式，巧用言语，就可以尽快打破僵局，让家庭生活恢复往日的欢乐与和谐。

智慧箴言

家庭是一个很好的诱发幽默的环境，因为家庭中充满了善意和爱，所以，当夫妻之间发生矛盾时，可以用幽默来消除紧张，缓和矛盾，从而营造一个和谐温馨的家庭环境。

幽默是圆滑的智慧

幽默是生活波涛中的救生圈。

——拉布

有人说职场生涯是枯燥的，但如果我们加入了幽默这种“调味剂”，或许又是另一番景象了。职场是我们赖以生存和发展的空间。但有时也难免有人际关系的不协调。但如果运用幽默，我们的工作肯定会一帆风顺，卓有成效。

随着我国市场经济体制的建立，“自谋生路”的就业方式给求职者带来了挑战。现如今，在过去被称为“天之骄子”的大学生想找一份好工作也不容易。当然，要谋到一个称心如意的职位，首先还要靠自身素质，但是其他因素也将对求职者的前途造成很大影响。比如，在面试过程中，运用幽默技巧就有助于取得成功。请看下面这个例子。

小李性格开朗，今年刚刚大学毕业。一次，在应聘某家公司的销售助理这个职位时，遇到了一道笔试题，其题目是：Cryogenics这个单词是什么意思？小李冥思苦想，仍旧没有答案。最后，他幽默地写下了这样一句话：“这个单词的意思是我最好到别处去工作。”结果，非常意外地，他取得了成功。

由于销售助理这个职位通常情况下都需要与人沟通，而幽默是评判沟通能力强弱的一个重要指标，大概是出于这个原因，小李被意外地录取了。

富有创意的想法加上幽默的力量，往往能帮助我们更有弹性地去处理很多事情。其实创造力能激发一个人在他生活和事业各方面的成就。我们可以运用富有创意的方式来达到某种目的，用它来寻求答案，有时要凭借幻想来发现，在大脑里设想："如果我这样做的话，会怎么样？"

如果你正和挑剔的顾客打交道，幽默是最有效的工具。请看下面这位售货员是怎样运用幽默打破了和顾客之间的僵局的。

在拥挤的百货大楼里，一位女士气愤地对售货员说："幸亏我没有在你们这里找'礼貌'，在这里根本没有'礼貌'。"售货员想了一会儿，说："你能不能让我瞧瞧'礼貌'的样品？"女士想了一会儿，会心地笑了。

拥挤使女顾客不快，售货员用一句幽默的话令顾客会心一笑，把顾客的不愉快化为乌有，从而争取到顾客的合作，成功化解了一场矛盾。当自己或单位提供的服务不周到时，采用幽默的方式道歉，同时解释原因，能够在笑声中得到顾客的谅解与合作，这正是幽默的力量所在。

某火车站的候车室里，挤满了焦急等待回家的人。然而，由于天气不好，客流量又非常大，影响了火车的正常运行，时间一误再误。

一名工作人员为了维持秩序，出现在人群中。这时，一名气急败坏的乘客抓住他大声嚷嚷道："列车并没有按照时刻表运行，还在候车室里挂时刻表干吗？"显然，这个问题并不是人为能改变的。如果工作人员义正词严地解释客观理由，冲突难免会进一步升级。但这位工作人员却机智地说："出现误点的情况我们也很着急。不过，要是当真没有挂列车时刻表的话，也就无法说出火车误点多久了。您说对吗？"一句幽默的回答，使生气的乘客也无可奈何地笑了。

火车晚点是谁也不愿意看到的情况，然而这也是一些客观因素造成的，车站工作人员也无计可施，所能做的，就是充分理解乘客的心情，并想方设法去安抚乘客，而幽默不失为解决此问题的妙招。

智慧箴言

幽默不仅能够让你用自身的机智、自嘲、调侃和风趣给人们带来欢乐，而且还能激励士气，有助于提高工作效率。有幽默感的人总是能在工作中保持良好的心态，并有效地维系与客户之间的良好关系。可见，幽默是职场中的处世大智慧。

用幽默表达自己的不满

/
天真有高下之分，
幽默则绝对是智慧的产品。
——张小娴
/

幽默是一种缓冲剂，在我们表达不满时，它能让对方虚心接受批评，而且不会有逆反和抵触情绪。

在生活中，面对他人犯下的错误，我们难免会控制不住自己愤怒的情绪而加以指责。这样往往会诱发一场尖锐的正面冲突。其实，如果换个思维方式，变指责为幽默，可能就会在表达自己不满的同时，也避免伤了和气。因为人与人之间的感情传递是相互的，如果你的态度是温和的，对方的态度也不至于太差，更何况他是过错方呢?

一天，老王懒于做饭，便去楼下的小餐馆用餐。不料小餐馆卫生状况不佳，米饭里竟能拣出很多小沙砾。老王实在难以下咽，便将小沙砾一粒一粒地拣出来摆放在桌子上。服务员看了以后抱歉地说："对不起啊，小沙砾不少吧？"老王笑笑，点点头说："是啊，不过还是有一点儿米的。"

老王没有直接批评米饭的质量不好，而是拿服务员说的“小沙砾不少吧”大做文章，幽默地说，饭里除了沙子“还是有一点儿米的”，通过先肯定后转折的形式表达了自己对米饭中沙子过多的不满，显得非常委婉。

尽管幽默很多时候会用于揭露弊端、批评错误，但它绝没有锋芒毕露，相反地，它总是让人和颜悦色地指出人们的缺点，让人们在笑声里看到自己或他人的错误，使之顿悟，进而悔改。

这天下午，一个六七岁的调皮小男孩偷偷跑到一家理发店，对理发师说：“叔叔，我看见爸爸每天上班前都要刮胡子，但他却不帮我刮，您可不可以帮我刮一次，我也是小小男子汉啊！”理发师说：“来吧，小小男子汉。”

等小男孩坐下后，理发师在他的脸上稍微涂了一点肥皂水，便去忙其他的事情去了。小男孩等得不耐烦了，叫了起来：“叔叔，你怎么还不给我刮胡子呢？”

“我在等你的胡子长出来呢！”理发师答应着说。

上面这个故事中，理发师没有直接严厉责备小男孩的胡闹，也没有把他拒之门外，而是运用含而不露的幽默技巧和小男孩开了一个玩笑，使小男孩在幽默轻松的交流中认识到自己的错误。其实在生活中，如果带上一些幽默的色彩，指责也可以表达善意。

用曲意表达也是一种令人拍案叫绝的幽默方式。这种方式要求人们曲折地、间接地而不是直白地表达自己的意思，在制造幽默时，无论从素材上还是思维方式上都要真假并用，且带有相当大的假定性。用这种技巧把你的意思略做处理，使之变得耐人寻味，你就可以通过委婉曲折的形式使对方领悟你的本意。请看下面一则对话。

这天，一名自称是文学爱好者的青年来到一家出版社，好不容易找到总编室，兴冲冲地问主编：“主编，您觉得我这些诗作写得怎么样？”主编回答道：“写得相当不错啊，几乎毫无瑕疵，完全可以发表了。不过，有一个地方需要稍微改动一下。”“真的吗？那怎么修改啊？”青年问。主编：“只要将你的名字改成郭沫若就行了。”

这位主编巧妙地运用幽默的方式，委婉地表达出了自己的意见，同时又给作者留足了面子。如果运用正常的思维，直白地说“你这首诗完全是照抄郭沫若的”，虽然很简洁，意思也能表达得很清楚，但无疑会伤害到作者的自尊。

把本来可以直说的话，含蓄地表达出来，有时候会产生一种出乎意料的幽默效果。

饭桌上，面对妈妈做的菜，儿子尝了一口说道：“好苦呀！”

妈妈上了一天的班，本来已经很累了，见儿子这么挑剔，气不打一处来，便说：“那就不要吃菜，只喝汤就行了。”

过了一会儿，爸爸回来了，见儿子那么委屈，便询问妈妈缘由。

妈妈说："这孩子太挑剔了，好好的菜非说苦，为了惩罚他，我让他只喝汤。"

爸爸说："是吗？让我来尝尝。"

爸爸尝完之后，皱着眉头对妈妈说："亲爱的，我求你也罚我只喝汤吧！"

妈妈终于领悟，会心一笑，继而向儿子道歉去了。

妈妈累了一天，又忙着为全家人准备晚饭，着实辛苦。爸爸能体会到妈妈的辛苦，因而机智地运用幽默的表达方式，向妈妈传达出了菜确实是苦的这个信息，使妈妈在会心一笑的同时认识到自己的错误。这种方式比直言相告明显要好很多。

智慧箴言

生活中，意欲表达对过错方的不满时，有理的一方如果能够撇开严肃的态度，以幽默的语言向对方传达掩藏锋芒的暗示性责备，那么无疑能够达到避免伤害他人的目的。

把幽默当作反击武器

幽默来自智慧，
恶语来自无能。

——松林

幽默可以借力发力，有时能够收到四两拨千斤的奇效。

幽默的魅力不仅在于能够引人发笑，它还可以作为反击武器，巧妙地回击那些不礼貌、攻击性的语言。生活中有很多幽默正是因为借力反击而产生，通过对方的语言逻辑来给予回击，达到“以子之矛攻子之盾”的效果。

下面这个故事，正是当别人发难嘲讽的时候，对方以攻击者本身的逻辑来推理，给予幽默回击的例子。

一对青年情侣这天心血来潮，准备去乡间踏青。他们开着豪华的车子行进在去郊野的道路上，迎面走来一位老妇人，牵着一头瘦骨嶙峋的驴子。“早安啊，驴妈妈。”他们停下车子不无嘲笑地说。“早安，我的孩子们！”老妇人答道。

原本用于嘲笑别人的语言，却给自己带来了羞辱，这真的是自食恶果的典范。这位老妇人以自己的睿智反击了别人对自己的不敬，同时也让这两个年轻人得到了教训。

生活中人与人之间难免会产生一些矛盾，如果直接还击对方，可能会将矛盾扩大。不如在受到别人的言语攻击时，使用幽默来进行十分巧妙的应对和隐蔽的反击，就能收到很好的效果。当然，这并不是一件容易的事情，在听到对方攻击性的话语后，先来个故弄玄虚，然后将话锋突然一转，回击对方，这样的幽默由于突然的回转就带上了戏剧色彩。

当遭遇别人恶意的攻击时，恶言相向并不能帮助你摆脱困境，反而将你降低到与攻击者一样的水准。如果保持缄默任由别人攻击，显然不是我们该有的反应。如何既有力地回击又能保持自己的风度和尊严，幽默便是最好的选择。它能让你的回击充满力度、充满智慧，让对方颜面扫地的同时更增添你的风采。

这天，一个富翁沿河边散步，不幸失足掉进了水里。一个穷人看见后，想都没想就跳进水里，冒着生命危险将其救上岸。然而吝啬的富翁只给了这个穷人一个便士作为酬谢。

在岸边围观的几个人非常气愤，叫嚷着要把这个忘恩负义的家伙抛到河里去。这时，走过来一位老者，他微笑着说："把他放下吧，他值几个钱他自己清楚。"

在使用幽默反击时，需要抓住对方逻辑之中所存在的错误，进行延伸，从而推理出荒谬的结果，却让他不得不接受，达到反击的目的。

有一次，主人要出行，吩咐用人说：“麻烦你晚上把这双皮鞋擦一下，我明天出行要穿。”

第二天，主人发现用人并没有按照自己的吩咐做，于是问用人怎么回事。用人不紧不慢地说：“擦了有什么用，路上都是灰尘，很快又会脏的。”主人没有说什么，自己动手擦了起来，然后对这个用人说：“好了，我们现在出发吧！”用人诧异地说：“可是我们还没吃早饭呢！”主人立即应道：“吃了有什么用，很快又会饿的。”

用人显然在为自己的懒惰找借口，主人给予用人的反击既诙谐幽默，又很有力。反戈一击的幽默往往以后发制人、“以其人之道还治其人之身”为特点，就像一句西方谚语所说的那样：“把上帝的还给上帝，把恺撒的还给恺撒。”

有时夫妻之间一方的话带有极强的进攻性与侮辱性时，另一方不可直接反击，那样会激发矛盾。不如试着运用返还幽默法，按照对方的逻辑去理解或做出推论，将对方侮辱性的话语巧妙地反弹回去，以使对方警醒。请看下面这则幽默故事：

一位聪明且言语犀利的妻子总是嫌自己的丈夫不够优秀，决定玩个小把戏刺激他一下。一天下班回家，她故作兴奋地对丈夫说：“我今天请算卦先生看过手相，他说我的第二任丈夫是个英俊潇洒、学识渊博、事业成功又善解人意的人。”“哦！ 原来你跟我是第二次结婚呀！”丈夫不动声色地说。

妻子拐弯抹角地指责丈夫不够优秀，而面对妻子的变相指责，丈夫幽默且不动声色地进行了反击，相信妻子也会进一步认识到，原来丈夫也是一个相当聪明的人呢！

这天，一对平日里就爱吵架的夫妻又“开战”了，只听妻子粗鲁地吼道：“你简直就是一头蠢猪！”

丈夫也很生气地回答说：“这么多年来你一直跟一头猪生活在一起，你是什么？”

妻子辱骂丈夫是猪，丈夫没有一味退让，而是抓住妻子言语的荒谬性，又将谩骂返还给了妻子，使她自取其辱，提醒她在骂别人的同时也是在骂自己，伤害别人的同时也是在伤害自己。可见，幽默可以借力发力，幽默的力量是巨大的。

智慧箴言

当遭遇别人的冷嘲热讽时，千万不要将自己降低到与他同等的水准去用恶言回击，那样于事无补。如果选择幽默的方式来表达自己的情绪，则会让你的风度远远超越那些攻击者。

良好的心态来自幽默

说些笑话融以佛法，
这样比较没有烦恼。

——广钦

我们时刻都应控制自己的情绪，这是快乐人生的根本。当你遇到痛苦和烦恼的事情时，幽默的力量就会帮助你把握自己的心理平衡，赋予你一种超然的心境，使你能免于陷入自卑情结，带给你愉悦的身心成长和光明的前景。

肆虐的暴风雨突然袭来，一艘客船不幸沉入苍茫的大海中。两名遇难者抱着事先准备好的救生圈漂浮在大海上，不期而遇。其中一位绝望地说：“伙计，我们离地面一定还很远，救援人员迟迟不来，我们是不是就要死了？”

另外一位安慰他说：“不，你错了，亲爱的伙计，顶多不过两米。”

“怎么，你疯了？你是说只有两米？”

“对，向下两米！”谈笑间，救援人员已经到了。

汤玛斯·卡莱尔曾说：“真正的幽默是从内心涌出，更甚于从头脑涌出。它不是轻视，而是爱。”幽默是一种智慧，能够帮助我们调整心态，振作精神，进而脱离尴尬的窘境。

一位商人在做一笔大的生意前嘱咐妻子，如果这笔生意失败了，就把屋子弄得灯火通明；反之，则只点一支蜡烛就行了。“为什么要这样做呢？”妻子不解地问。

“生意失败了，我的竞争对手便会得意扬扬。可让他们生气的办法之一，就是让他们看到我家灯火辉煌。”商人解释说。

“那如果成功了呢？”“如果成功了，当然也要竞争对手们陪我高兴。我只点一支蜡烛，他们就会认为我快穷死了，一定会乐得跳起来。”

面对工作或事业上的压力，我们不妨像那位商人那样用幽默的心态来对待，这样就会使我们紧绷的神经得到暂时的放松，心态放松了，烦恼消失了，做起事情来就更容易成功。

某女士身材丰满，看着满大街身姿曼妙的女子，不由心生羡慕，于是下定决心减肥。然而一段时间下来，并无成效。一天，她对同事发牢骚说：“你说我怎么就减不下来呢，真是要急死人了！”同事安慰道：“其实你还好，不算太胖，看起来很健康。”

此女士接着说道：“还不胖呢，昨天称体重都快70公斤了。”“那你当时一定是在锻炼身体，手里正拿着两个哑铃吧！”同事的一句话把这位一心想减肥的女士逗得前仰后合。

上述小故事中的女士因身材丰腴、减肥不成功而苦恼，她的同事并没有从胖瘦角度入手，而是另辟蹊径，引出健康的话题，最后回归本题，委婉加以肯定，使此女士虽然验证了自己胖的事实，但在幽默氛围中化解了烦恼的情绪。

小王居住在单位的集体宿舍里，然而单位的集体宿舍由于年久失修，屋顶经常漏水。小王和舍友虽多次向领导反映，但问题迟迟没有得到解决。有一天，市里的领导到基层来视察，检查团中有人指着墙上漏雨时留下的痕迹问小王："这房子经常漏水吧？"小王绕了个圈子，说道："瞧您说的，只有下雨天才漏。"

小王的幽默和豁达不得不让人佩服，对于领导对自己的问题的忽视并不记恨。"瞧您说的"似乎在否定问者的猜想，但"只有下雨天才漏"无疑是在自我否定，与问者的猜测内容相一致，但其效果却不同。他非常幽默地强调了自己的住房漏雨问题，又不让自己的领导过于难堪。

有一次，一名当红女演员去某餐厅用餐，刚刚坐定，便走过来一名刁钻古怪的老妇人。老妇人用手摸了一下这名女演员的脸庞，说道："对不起，我摸不出有多好。"

女演员修养良好，看在老妇人年长的份儿上，并没有过分计较，而是微微一笑，说道："您说得极是，我看也没有多好。"老妇人又戴上老花镜，仔细地看了看女演员的五官，说："不错，真的是没有多好看。"看来不反驳一下是不行了，女演员说道："您又摸又看的，新的也变旧了。"在场的人不由得笑了。

如果直面生活中的尴尬，往往带来的结果是让尴尬更加尴尬，而如果巧妙地披上糊涂的外衣，则可以让大家会心一笑，让尴尬消失于无形。敢于装糊涂的人正是因为他们有这样机智的反应以及化解尴尬的智慧，通过对于“假”的应用，来让别人受到迷惑，从而得到“真”的结果。

一对陌生的青年男女在别人的介绍下约会，面对其貌不扬的先生，小姐轻蔑地说：“你有宝马吗？”先生摇摇头：“没有。”“你有洋房吗？”“没有。”小姐转身就走，并抛给先生一句话：“那么，看来我们也没有缘分！”

先生无可奈何地起身，自言自语道：“难道非要我把劳斯莱斯换成宝马，把别墅换成洋房吗？”这位装糊涂的先生通过这一做法，让一个势利的小姐现出了原形，同时也让她感到无比羞愧。

在人际交往过程中，多一点糊涂会让你显得更加幽默可亲，那些糊涂的语言不仅可以产生幽默的效果，更能拉近彼此的距离，你的聪明和智慧自然会得到朋友的赞赏。

智慧箴言

幽默是生活的润滑剂和开心果，幽默能使人们平淡的生活充满情趣。哪里有幽默，哪里就有活跃的气氛；哪里有幽默，哪里就有笑声和成功的喜悦。而那些谈吐不俗、机智风趣的人往往也是心态良好的人。

第四章

既要说到也要做到

好口才、好观点固然重要，但光动嘴和动脑而不付诸行动也会与成功无缘。成功是一种实践活动，它始于理想，成于行动。光有理想而不去付诸行动，理想就是空谈。平凡的成功者总是靠着正确的想法和脚踏实地的行动，一步一步踏上自己的成功之路。

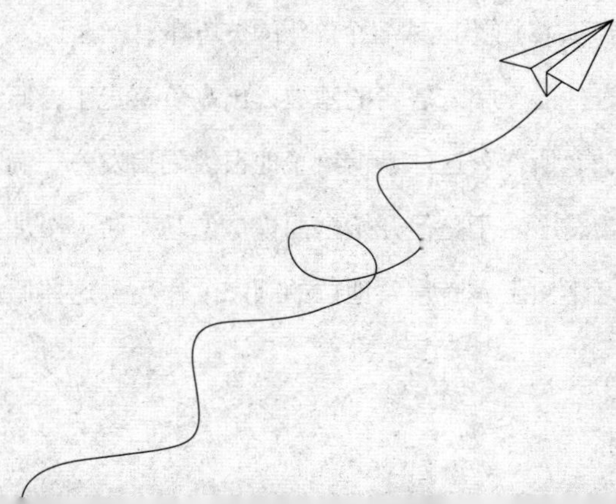

找对正确的人生方向

/
这个世界需要的是一位真正具有灵感的、
勇敢的杰出领袖。

——刘易斯

/

拿破仑说：“不想当将军的士兵不是一个好士兵。”这句话告诉我们，人要有志向，志向决定着一个人努力和判断的方向，志向的大小决定人生的高度。

人生如同一场竞技，不仅要付出努力，更要方向正确。坚强和毅力固然可敬，但只有在正确的方向下才会发挥作用，选错了人生方向，就会与成功背道而驰。

20世纪40年代，有一个青年颇有绘画天赋，他先后在慕尼黑和巴黎的美术学校学习，对现代艺术各个流派的技巧都十分熟悉。

一次，他的一幅未署名的画被人出高价买走了，原因是买画者误认为它是毕加索所作。这件事情给了他很大的启发——倘若这样，不久就可以成为富翁了。于是他开始全面模仿像马蒂斯、毕加索、凡·东根这样在现代艺术史上占有重要地位的画家的作品。这些赝品即使是有经验的鉴赏家，鉴定起来也十分吃力。

但是，当局最终查出他就是那位躲在幕后的假画制造者，判了他两个月的监禁。这个人就是埃尔米尔·霍里，世界上最著名的假画制造者。

谁也不能否认埃尔米尔在绘画方面的才华，可惜的是他迷失了自己的方向，将才华运用在不正确的地方，最后落得锒铛入狱的下场。他曾经的辉煌不过是游走在危险边缘得到的利益，而他沉迷于对别人的模仿时，已经渐渐忘记了自己的理想。

可见，一个人如果走上错误的路，等待他的将是失败和痛苦。他在狱中的时候，又该是何等痛苦与悔恨，但是木已成舟，注定无法挽回。

所以说，人生除了积极地追求，勇于付出辛勤的汗水以外，还要注意拼搏的方向。方向找对了，成功是早晚的事；方向错了，走得再快也是南辕北辙。当一个人把努力用在错误的方向时，其失败就已经命中注定。

中国古代的寓言故事《南辕北辙》告诉我们一个最浅显的道理：方向最重要。一个人如果找对了方向，就可以不断前进，迅速达成目的。如果方向错了，再多的努力也只能是让他背离终点越来越远。这个道理适用于生活、工作等各个方面，选错方向不仅让成功的概率降低，更让人力、物力被无意义地浪费。

对人生而言，努力很重要，但选择好努力的方向更重要。很多人不能成功，原因在于方向的错误。许多人埋头苦干，却不知所为何来，到最后才发现成功的阶梯搭错了方向，却为时已晚。

一天，一只蜜蜂和一只苍蝇先后飞进了同一个瓶子里。由于瓶口极小，蜜蜂和苍蝇在里面周旋了很久，都没有逃脱。苍蝇选择了暂时休息，蜜蜂则不停地盯住一个地方咬，不久，它死在了里面。休息好的苍蝇在瓶子里不停地寻觅，终于发现了出口，顺利逃脱。

很多人终生劳碌，一无所获，只因找错了方向，把精力用错了地方！生活之路多曲折，找对方向才是发挥自己勇敢精神的正确归宿。所以，我们努力做事的时候，一定要弄清楚方向是否正确。

英国前首相丘吉尔曾经说："人的伟大不在于你在做什么，而在于你想做什么。"梦想是引导人们前行的旗帜，人类因为有梦想而伟大，如果你有自己的梦想，那么必然会为之付出努力。

梦想给人前进的动力，让人不断追求进步。正是因为它所在的位置那么高远，才促使人们更加努力地挖掘自己的潜力，去寻求突破。在自我突破的过程中，人们会发现自己已然获得了长足的进步和改变。

真正的梦想必定充满挑战性，又因为它是自己选择的，所以你一定会积极地想完成它。你的梦想就是你的使命，不仅是一种挑战，同时也是激励你的原动力。

人生的梦想会使你脱离安逸的环境、迎接挑战。如果你一直安于现状，终会感到失望及不满。你没有成长，不追求挑战，怎么会真的感到满足呢？在你的内心深处，一定在呐喊着：我需要更多、更新、更好的事物，这种希望自己进步的渴求一定在你心中。

无论你多么意气风发、足智多谋，花费了多大的心血，如果没有一个明确的方向，就会过得很茫然，渐渐就丧失了斗志，忘却了最初的梦想，就会走上弯路甚至不归路，枉费了自己的聪明才智，误了自己的大好年华。

一个有梦想、敢前进的人，即使他目前未达到目标，或成就不大，但是他一定对自己的人生非常满意，因为他的人生有方向、有情感、有成长，这会使他觉得满足而有收获，每一天都过得有意义。

智慧箴言

种子向上努力，是因为它向往阳光的照耀；根向土层努力，是因为它想得到更多的养料。人总是朝着自己的梦想努力，是因为他向往成功，只有选择正确的方向，才会让成功之旅更顺畅。

行动是成功的必由之路

我不相信被动会有收获，
凡事一定要主动出击。

——迈克尔·乔丹

主动能够改变一个人的际遇、机缘，只因行动才是成功的必由之路。

当你的脑海中闪现出一个构想时，那便是你应该开始行动的信号。人们最大的错误便是等待，在等待中会错过很多机遇，也流逝了很多时间，这都是再也无法挽回的损失。而最实际的态度便是从此刻开始付诸行动，不为过去的错失而懊悔，也不对将来的变化心存侥幸，活在当下才是我们应该做的。

比尔·盖茨说："想做的事情，立刻去做！当'立刻去做'从潜意识中浮现时，要立即付诸行动。"昨天的失败和明天的幻想，都不能让一个立志于行动的人改变初衷，因为他知道自己的人生就在此刻。

苏瑞和辛迪是大学同学，她们两人有一个共同的梦想，那就是当一名电视节目主持人。苏瑞善于与人沟通，亲和力强，而且长相漂亮。她经常对人说："只要有人给我一次机会，让我上电视，我相信我一定会成功。"然而，大学毕业后，一年多的时间倏忽而逝，苏瑞悄然等待了很久，仍是没有等来这个机会。

如果论天赋和才干，辛迪是不能与苏瑞相比的。她长相一般，天生有些木讷，但是执着的她从来没有停止过对梦想的追求。在大学毕业后一年多的时间里，她没有像苏瑞那样待在家里，空等所谓机会的降临，而是白天去工作，晚上到某学校的舞台艺术系去上夜校。为了实现心中的理想，她跑遍了所在城市的每一个电视台，但是电视台的经理给她的答复几乎都差不多："我们不能雇用你。"

辛迪并没有气馁，而是继续努力。她一连几个月仔细浏览广播电视中关于这方面的消息，终于看到了一条某地方电视台招聘天气预报女主播的信息，于是她毅然前往。

辛迪在那里工作了两年之后，回到了故乡，终于在一家大的电视台谋到了职位。之后，由于出色的表现，她一再得到提升，终于逐渐成长为一名著名的电视节目主持人。

再看看苏瑞，由于只是空想，从来也没有为梦想付出过实际的行动，现在的她不得不在一家超市做着收银员的工作……

成功的出现永远不是偶然的，它之所以青睐那些成功者，正是因为他们为成功已经付出了很多汗水与坚持，为了它的到来做了充足的准备。高尔基曾经说过：“学习永远不晚。”而对于有梦想的人来说，行动也一样永远不会晚。

对于心怀梦想的人来说，在等待中蹉跎岁月是最大的敌人。不管是等待更好的机遇还是寄希望于别人的帮助，都是对梦想最大的浪费。成功从未主动投入谁的怀抱，它需要你从现在开始便不断地积累、探索，流下为它而付出的汗水，一步一步向它前进。

成功学大师拿破仑·希尔指出，主动的习惯必须贯穿在其他所有习惯之中，它是人生成功的“黄金定律”。要成功，就应有积极的人生态度。成功青睐主动找机会的人。

智慧箴言

成功者各有各的模式，但他们相似的地方却很一致，那便是：立即采取行动，不浪费一分一秒，不在等待之中蹉跎岁月、浪费机遇。因为他们知道：没有行动的梦想只能是空想。

行动要选择最佳时机

/

我们多数人的毛病是，
当机会朝我们冲奔而来时，
我们兀自闭着眼睛，
很少有人能够去追寻自己的机会，
甚至在绊倒时，
还不能见着它。

——戴尔·卡耐基

/

松下幸之助说过：“无论做什么事情，都有适当的时机。无论你怎么渴望，在春天未来临之前，樱花绝不可能盛开；无论你怎样焦急，在时机尚未成熟的时候，做事必然无法成功。”这话说得多么富含哲理啊！

从前，有一个人以捕鱼为生，同时酷爱吹箫。一天，他带着自己心爱的箫去捕鱼，来到海边后，他站在一块突出的岩石上聚精会神地吹起箫来，心想鱼儿们听到这美妙的音乐就会自己跳到他面前来的。转眼一上午的时间就要过去了，事情没有他料想的那么顺利，再这样下去就要空手而归了。渔夫此时只好暂时将箫放下，撒网捕鱼，结果收获颇丰。他对鱼儿们说：“你们这些小东西，我演奏美妙的音乐时，你们不跳舞；现在音乐没有了，你们反倒跳了起来。”

从故事中的鱼我们可以联想到生活中那些做事不择时机的人们，所以说做事关键要选对时机，成功需要对时机的敏感与恰到好处的把握。

一名游客在轮船的甲板上脚下一滑，掉进了水里。他尖叫着呼救，同时奋力挣扎。呼救声引来了一名水手的注意，他闻声走到船舷边，平静地看着水里遭遇不幸的乘客。

游客的表情既惊恐，又愤怒，他不明白水手为什么这么冷酷无情，对自己的呼救视而不见。游客挣扎着，终于累了，开始往下沉。命悬一线之际，水手立即跳入海中，将他救了起来。

等两人都平安地回到船上后，游客不解地问道："为什么要等那么久才跳入水中救我？"

水手看了看他，回答道："我做了这么多年的水手，早就发现，当落水的人在水中拼命挣扎时，如果我立刻跳入水中去救他，他会连我都拖入水中溺死的。最好的办法是让他自己挣扎一会儿，把身上的力气差不多消耗完，那时候才是我跳下水营救他的最佳时机。"游客这才恍然大悟。

盛大公司董事长陈天桥，最初在一家传统的国有城市开发企业从事管理工作。当时，网络行业才刚刚在中国萌芽。1999年，陈天桥放弃高薪和稳定的工作，加入网络界，创立了盛大网络有限责任公司，推出网上虚拟社区。在经历了大多数公司都未能幸免的网络寒冬之后，陈天桥捕捉到了"网络游戏"这个日后让盛大一鸣惊人的机会。

2001年年初，盛大开始运营韩国ACTOZ公司的网络游戏《传奇》。在陈天桥和他的团队的运作下，玩家人数以滚雪球的方式高速增长，盛大网络已经成为国内同时在线人数最多的网络游戏站点。选准了电信增值业务这个行业，造就了陈天桥的成功。

由于科技的进步和社会环境的变化，政府对于行业的监管也已经越来越规范，竞争也越来越激烈。那些后来的创业者想要在行业之中寻找到自己的位置也越来越难，因此他们更需要把握其他的时机，否则就不一定会有陈天桥这样的好运了。也许还会有其他特殊的情况发生，但对于大多数人来说，清醒地认识现状，找到属于自己的机遇，才可以更快地接近成功。

要办好任何事情并得到最佳效果，都有一个把握最佳时机的问题。时机把握得好，就能充分利用条件，调动最有效资源，达到事半功倍的效果。

在前进的道路上走得最远的，并不是那些最早显露出才华的人，而是那些可以清醒地分析现状、把握好时机的人。懂得相机而动，这其中包含的智慧值得我们深思。

智慧箴言

成功的关键不仅包括做正确的事，还要考虑在正确的时机做事。一个人若没有选好做事的时机，那他注定要失败。

成功永远属于有准备的人

机遇只偏爱那些有准备的头脑。

——巴斯德

人生就是为某一时刻而努力着。成功的秘密是，当机遇来临的时候，你已经做好了抓住它的准备。成功的前提条件有很多，诸如机遇、才智、意志、品德等，但在行动之前，激情和愿望最为关键。面对命运的种种变化，我们的状态应该是时刻准备着，机遇都是在积极准备中光顾的。

第二次世界大战给全世界经济带来了莫大的伤害，让很多人流离失所，无数的企业都倒闭了。而在美国加利福尼亚经营一家自行车厂的杰克·威尔却逃过了厄运。

杰克·威尔所经营的这家自行车厂规模并不大，所以在危机到来时它已经岌岌可危了。聪明的杰克·威尔认识到这一现状，但他并没有气馁，而是开始思考自己的未来，将目标投向更远，希望可以通过把握未来的市场变化改变车厂的命运。在一番思考之后，他和儿子商量将自行车厂转而生产残疾人轮椅。儿子对此并不理解，但杰克·威尔却告诉他："战争带来的伤害不只在经济，肯定也有很多人受伤，战后为了生活和出行，他们就需要这样的工具了。"

一番谈论之后，父子二人很快就将车厂的产品进行了转变。一批新的轮椅出厂之后，果然吸引了很多顾客，订货的人络绎不绝，产品受到了市场的欢迎。杰克·威尔也摆脱了危机。

在轮椅生产如火如荼时，杰克·威尔却又开始思考，他认为战争不会一直持续下去，终究有停止的那一天，到时候人们不再需要这种轮椅，自己又该怎么办呢？这个问题让杰克·威尔非常苦恼，他考虑再三，和儿子开始探讨战后人们的新需求。最后得出结论：战争结束后，人们肯定希望可以和平安定地生活，要想拥有美好的生活，就必须有健康的身体，而为了健康，大家一定愿意为健身设备埋单。

这一次的探讨让杰克·威尔的工厂又发生了改变，生产轮椅的设备被运走，而生产健身器材的设备被运进工厂。虽然最开始的几年中，健身设备的销售并不理想，但杰克·威尔父子却坚信自己的构想是正确的。果然在战争结束十多年后，人们开始注意身体锻炼。作为唯一生产健身器材的企业，杰克·威尔工厂的产品占据了大片的市场，企业的规模也不断扩大，为杰克·威尔父子带来了财富。

事物的发展都具有其趋势，智慧者可以通过对事物发展趋势的把握而掌握时机，从而获得成功的机会。要想准确地预见事物的发展，就必须具备敏锐的观察和思考，通过生活经验、常识等推断出未来的发展需求，能够做到这一点，就已经得到了一半的成功概率。

杰克父子二人可以在变化万千的世界之中准确地预见人们的需求，并提前做好准备，这是他们能够获得成功的根本要素。这种预见能力是极为可贵的，失去了它，所有的事情都会变得盲目，从而为失败埋下隐患。

在生活之中随处可见因预见能力不足而导致的失败，很多事情进展到一定程度之后才发现不像人们预期的那样，就会让之前做的所有工作都化为虚无。人生就好像修建一座大厦，需要在设计、施工等多个环节中做好准备，其中任何一个环节不到位，都可能导致这座大厦倾覆。如果可以预见这一过程中的危险，从而做好有效的防备，我们就可以更顺利地建造好这座大厦。

智慧箴言

《礼记》一书中有这样一句话："凡事预则立，不预则废。"所以，不论做什么事，我们都应该事先做足准备，唯有如此，才能得到成功的果实。

做好每一个细节

细节在于观察，
成功在于积累。
——爱默生

20世纪世界最伟大的建筑师密斯·凡德罗在被要求用一句话来描述他成功的原因时，他只说了五个字“魔鬼在细节”。他反复地强调，如果对细节的把握不到位，无论你的建筑设计方案如何恢宏大气，都不能称之为成功的作品。

中国有句名言：“细微之处见精神。”细微之处也是一个人道德养成的立足点，虽然微小而细致，但在人的成长中却至关重要。

苏联宇航员加加林因在1961年作为世界上第一个进入太空的宇航员而名垂史册，成为人们敬仰的英雄人物。然而，英雄的成长过程是否也一样充满了传奇色彩呢？事实上，加加林从诸多优秀的备选宇航员中脱颖而出，所凭借的只是一个微小的细节。

在确定宇航员的过程中，有二十多个人经过层层筛选进入最后的环节，他们每一个人的知识储备和身体素质都符合要求。作为“东方1号”

宇宙飞船的主设计师，罗廖夫要做出最后的选择，也感到非常为难。

在一次宇航员培训过程中，罗廖夫忽然发现了加加林，因为在所有进入飞船的宇航员中，只有他一个人将鞋子脱下来，穿着袜子进入座舱，以免给机舱里带进灰尘。这个举动深获罗廖夫的好评，因为他为飞船倾注了无数心血，而加加林的举动正表示出他对罗廖夫工作的尊重。最后，罗廖夫决定让加加林来执行人类首次太空飞行的神圣使命。

由此可见，注重每一个细节，是修养的最高体现，也是取得成功的重要条件。不论是做人、做事，都应当从大处着眼，从小事做起。

我们日常所做的可能没有什么大事，更多的是一些平凡而琐碎的小事，但我们都要把它们做好。成功就是尽可能地把一些细小的事情做得更到位，把简单的事情做得更精致，把平凡的事情做得更完美。

有责任心就能把事情做完美，就能达到成功的人生。我们要养成这样的好习惯，有好习惯就会有好结果。

我们都很敬佩周恩来总理的胆识和谋略，但他那种关照小事、成就大事的本领，更值得我们学习和借鉴。

周总理是一个做事非常细致的人，他的认真让身边很多工作人员佩服不已。在北京饭店举办的一次涉外宴会前，周总理按照惯例来了解饭菜的准备情况，他仔细地翻阅了菜单之后发现有点心，便问起点心的馅儿料。而身边的工作人员谁也没注意这个问题，便含糊地说：“可能是三鲜的吧！”

对于这个答案，周总理感到非常不满意，他说："一定要搞清楚究竟是什么馅儿的，不然如果客人出现过敏症状就不好了。"工作人员这才急忙按照他的指示去查看，确认宴会的每一个细节。

对于细节的关注让周总理总是可以将事情安排得最恰当，在尼克松访华的时候，晚会上忽然奏起了尼克松最喜欢的曲子《美丽的阿美利加》，这让他大感诧异。后来得知是周总理特意的安排，尼克松非常感动，不禁竖起了大拇指。

细节虽然微小，但它却是生活的基本构成。一个人有远大的理想很好，但如果他忽略了细节，那么远大理想便只能是一个幻想，永远都不能变成现实。一个细节可以成就一个人，也可以让他所有的准备都付之东流。忽视细节的人在失败的时候不会知道自己究竟输在哪儿，而注重细节的人则会从细节中找到成功的契机。

智慧箴言

任何一个成功的人都是用百分之百负责任的态度去做好遇到的每一件事的。做事是否用心，是否用百分之百的负责任的态度去做好哪怕是一件很小的事情，都将直接影响整件事情的成败。

敢于冒险和尝试

对任何事物，
你都感兴趣，
所以每当付诸实施时，
你都觉得有无限的生机到来，
而且从不会错过机会。

——佚名

想成功，就得有一颗敢于冒险的心。没有冒险精神，不去尝试，就什么也不会得到。

人生总是充满了各种未知情况，它需要我们在摸索之中不断前进，经过各种失败之后才能找到正确的道路。敢于尝试，敢于冒险，是让我们不断前进的先决条件之一。失去了尝试和冒险的能力，一个人只能原地踏步。守株待兔的人不能获得成功的青睐，只有不断进取才能让成功的机遇在我们眼前出现。

韩国现代企业集团是世界上最大的船舶制造商之一，这家大集团的老板是一位赫赫有名的大富豪，也是世界上知名度颇高的一位大财阀，他就是郑周永。

1965年，郑周永首次承包了泰国的一条高速公路，而后相继在关岛、越南、新几内亚、巴西等国家承建了大批工程，并且都大获全胜。从此，他揭开了进军世界市场的序幕，而且一发而不可收。

在行业竞争中，郑周永表现出非凡的魄力。最惊心动魄的一幕是郑周永承建的沙特阿拉伯的朱拜勒产业港。这项工程预算总投资达15亿美元，工程浩大乃世界罕见。所以说，任务之艰巨是难以想象的。但这项工程是否能承建关系着郑周永的前途命运，究竟该如何抉择？

魄力惊人的郑周永经过冷静思考，决定大干一场。经过与其他实力雄厚的建筑公司的激烈角逐，郑周永终于以9.3亿美元的“倾销价格”承包了朱拜勒产业港，令世人刮目相看。

面对困难，郑周永没有退缩，反而表现出超凡脱俗的大家风度。他大胆、果断地决定采用立体平台船装载运输沉箱，这种运输有可能损失25亿美元。这对郑周永来说，将是一件非常有风险的事情。

但是郑周永没有畏惧这样的风险。他和他的员工们克服了一个又一个困难，最后终于完成了朱拜勒产业港，而且二期比原计划的36个月提前了8个月。

从郑周永的经历之中，我们看到成功总是隐藏在风险的身后，要想得到它，就必须冲破风险的难关。如果因为惧怕风险而放弃，那么你将永远与成功擦肩而过，一生都不会得到值得骄傲的成就。

萧伯纳说：“对于害怕危险的人，这个世界总是危险的。”每个人都希望自己有一个表现的舞台，都渴望成功。但是，大多数人常常无法实现自我超越，就算有冒险与创新的想法，也因为怕麻烦和风险而不愿实施。所以，成功者从来都是少数。

如今已经占据世界首富地位多年的比尔·盖茨，他能够获得今天的成就也得益于他敢于冒险、不断进取的精神。现代社会竞争激烈，要想在变幻莫测的IT领域中独占鳌头，就必须敢于尝试，在不断地尝试中找到成功的契机。比尔·盖茨多年稳立潮头，正是因为冒险已经成为他天性的一部分。

没有一个机会是可以摆脱风险的，也没有一次成功是轻而易举的。比尔·盖茨在少年时期便显露出他对于冒险的兴趣，他甚至认定那些只有冒险得来的成功才算真正有意义的成功。他的争强好胜、超强的自信心以及惊人的控制力，都使他不断地游走在冒险与成功的交界。在哈佛读书的第一年中，比尔·盖茨便让自己冒险：他总是逃课去做别的事，而在考试前才拼命地复习。而他这种冒险为他带来了更多接触校外世界的机会，让他开始锻炼自己作为一个成功人士的基本素质——用最少的成本获得最大的收益。

退学之后，比尔·盖茨的冒险显得更加疯狂起来，他创办了微软，并成为这个行业之中的老大。他所有的举措都会给行业带来震动，甚至引发人们关于垄断的讨论。在工作之余，比尔·盖茨还喜欢那些充满刺激的运动，飞车和游艇是他的最爱，一个人驾驶汽车在沙漠飞驰或者驾驶飞机飞越山峰，都是他常做的事，而他也正通过这些事来让自己不断保持冒险的心性。

人们在做决定的时候，有些人会看到成功所带来的好处，而有些人则只看到失败可能带来的残局。正是因为对失败的恐惧，很多人放弃了尝试，他们认为冒险不值得，却忘记了冒险之后所能获得的令人振奋的成功。当看到别人获得掌声之后，这些人又会后悔自己错失了机遇。

冒险是推动社会进步、科技发展的原动力之一，人类之所以能够有今天的成就，也是因为不断冒险而得来。在生活中凭借经验所做的任何一次决定，都是一次冒险，而如果没有了这些冒险，我们的生活将还处在茹毛饮血的时代，那些伟大的科学发现将永远与我们无缘。

不要因为惧怕风险而放弃冒险，在对成功的渴望之下勇于冒险，你将获得最出乎意料的回报，饱尝成功的甜蜜！

智慧箴言

很多人渴望成功，却不愿冒险。冒风险是生命无法避免的事情，冒可控制的、已知的风险是生命中明智的和必需的选择。

把困难当作一种挑战

命运是一件很不可思议的东西。
虽人各有志，
往往在实现理想时会遭遇许多困难，
反而会使自己走向与志趣相反的路，
而一举成功。
我想我就是这样。

——松下幸之助

凡是事业上取得一定成就的强人，都有一种不惧困难、敢闯敢干的拼搏精神。他们把困难作为挑战，把挫折作为磨炼，把风险作为机遇，最终摘到了胜利的果实。

每个人来到这个世界上都有其独特的使命，也同时拥有着自己独有的天分，用自己的天分去完成自己的使命，便是我们人生的意义所在。为了得到美好的人生，人们必须经历诸多的磨难，在困难和挫折之中前行，向着心中的目标不断突进。

当胜利在望的时候，你会感谢那些曾经的苦难，因为正是它们成就了你，也是它们让你人生的意义得到最大限度的发挥。

为了梦想而直面困难，是值得尊敬的；而在困难面前落荒而逃，只能成为耻辱。罗斯福的故事告诉我们一个人可以有多坚强。

罗斯福曾经在1933年至1945年期间担任美国总统，这12年间正是美国经济和社会迅速发展的时期，因此他也被誉为美国历史上最伟大的总统之一，获得了人们长久的怀念。

在1941年的太平洋战争中，罗斯福带领美国人民一起获得了反法西斯战争的胜利，并且提出了建立联合国的构想，对世界发展产生了深远影响。如此伟大的一个人物，也并不是完美的，能够获得这样的成就，罗斯福克服了很多困难，这其中包括身体的缺陷。

罗斯福在小学的时候，非常不善言辞，每次说话都会颤抖个不停，嘴唇都哆嗦了，声音也沙哑了。而这正是因为他长着一副难看的龅牙。小罗斯福的心理受到很大影响，变得自卑。但他并没有因此消沉下去，也没有将龅牙作为自己颓废的借口，相反，他努力地学习演讲，突破了自己的自卑心理，最后获得了令人瞩目的成就。

在困难面前不认输，在缺陷面前不消沉，这为一个伟人提供了走出去的第一步，让他直面自己缺陷的同时也获得了顽强展现自己的动力。也许人们会嘲笑他，却无法打击到他这种自强不息的意志，这种缺陷在一定程度上反而促进了他的成长，让他变得更加坚强。

“不经一番寒彻骨，哪得梅花扑鼻香。”只有经过了苦难的磨炼，人们才能最大限度地发挥自己的潜力和天分。在逆境之中，更易成长为出色的人才，正是因为苦难对人们奋斗精神的激发。

史蒂芬·霍金于1942年1月8日出生，曾先后毕业于牛津大学和剑桥大学，是继爱因斯坦之后最杰出的理论物理学家。

霍金不仅是科学界的精英，更是生活的巨人。他在21岁时就不幸患上了卢伽雷氏症，即运动神经细胞萎缩症，医生对霍金说，他的身体会越来越不听使唤，只有心脏、肺和大脑还能运转，而且他只剩下两年的生命。是的，正如医生所说，霍金全身上下只剩下三根手指可以活动，演讲和问答只能通过语音合成器来完成，但是，凭借顽强的意志，霍金创造了奇迹，至今仍然顽强地活着。

一次，在学术报告结束之际，一位年轻的女记者小心翼翼地提问："霍金先生，卢伽雷病将您永远地固定在了轮椅上，您不认为命运让您失去了太多吗？"报告厅里顿时鸦雀无声，人们屏息聆听霍金的回答。

这个话题是这么敏感，让大家不由得为那位女记者捏了一把汗。但霍金却笑了，他平静地看了看女记者，开始用他那还有活动能力的手指叩击键盘，随着合成器发出的清脆声音，人们在宽大的荧幕上看到了霍金的话："我还可以动手指，我还有思维，我还有理想，我还有我爱的和爱我的人，此外，我还有一颗感恩的心。"

这一串简单的字符让很多人落下了感动的泪，片刻沉默之后，雷鸣般的掌声忽然响起，人们用掌声表达着对这位非凡科学家的无限敬意。

大家都渴望获得成功，但为什么真正能够成功的人却那么少呢？正是因为大多数人在困难面前放弃了自己的追求。

如果说成功是巅峰，那我们必须经历跋涉的痛苦，而无法承受这一痛苦的人，也就没有理由登上巅峰。

只有经历了磨难的人生，才是真正有意义的人生，只有磨难之后的成功，才能让人们发出甜蜜的微笑。

智慧箴言

人就应该在年轻时敢想敢做，不怕失败，因为我们还很年轻，输得起。要有勇气去做自己喜欢的事情，不断地往前冲，不畏惧任何困难，向着自己梦想的前方勇敢飞翔。

急流勇退是明智之举

知退是一种成熟、
一种眼光、
一种睿智。
不懂得适时退让的人，
随时会掉进失败的深渊。
——佚名

人生是一个进与退的过程，一生中不可总是进，该退时则要退。人生的进与退，应该顺从时势与环境的变化而变化。

在现实生活中，我们要善于准确地把握时机，适时做到进退适当，该退的时候一定要退，这样人生才不会荆棘丛生。在有些情况下，退让也许是安身立命的良策。无论做官还是经商，适时退让非常重要。

松下幸之助说过：“武功高强的人，往回抽枪的动作比出枪时还要快。与此同理，无论是搞经营，还是做其他事情，真正能做到不失时机地退让者，才堪称精于此道。”松下幸之助是一个懂得顺其自然的人，所以才有松下公司的发展壮大。

第二次世界大战结束后不久，松下公司接受委托经营一家濒临倒闭的缝纫机公司。起初，松下幸之助认为凭自己多年的经营实践，使这家缝纫机公司起死回生是没有多大问题的。但是，由于市场竞争十分激烈，松下不得不寻求保身之策及时抽身，于是便立即退了出来。

松下后来不无庆幸地说，如果当时考虑花了不少投资，害怕退出会有损失而犹豫不决的话，损失反而会更大。

有一次，松下幸之助和美国著名的大通银行副总裁会谈，松下问他，日本已经有七家公司制造大型电脑，这样下去不可能大家都生意兴隆，并询问他的看法。这位副总裁说："姑且不论一般产业用或家用电脑，若是大型电脑，不久之后将形成恶性竞争的局面，你还是让给别人吧！"

1964年，松下公司宣布从大型事务用电脑业撤出。在此之前，松下公司已对大型事务用电脑投注了十几亿日元的研究费，并且已经达到实用化的阶段，但还是取消了这个项目。现在，家庭用电脑和个人用电脑不断成长，只有大型电脑没什么成长，因此，每逢看到各制造厂商正为恶性竞争而苦恼的时候，松下就庆幸自己的及早退出。

通过理智地分析之后，认为败势已经形成，此时需要的勇气远胜于接受胜利。承认自己的失败，理性地退出，远比将希望寄托在奇迹身上来得正确。能够认清形势并将损失减少，并不是完全的失败，它也是应对危机的策略之一。

有"假发大王""假发贸易之父"美称的刘文汉，凭借两个美国商人在餐桌上无心的一句话而发家，可谓是一个传奇。经过了一系列艰苦的准备工作（如寻找首屈一指的造型师等）之后，刘文汉开始正式经营自己的假发制造业，几乎在一夜之间，香港就成了闻名世界的假发制造业之都，到了20世纪70年代，刘文汉的假发销售已达4亿港元，产品仍然供不应求。

就像当初发现商机一样，当竞争者越来越多的时候，刘文汉敏锐地发现了这一现象，他看到了繁华的假发市场背后所隐藏的衰退迹象。刘文汉并没有因为留恋这一事业而迟疑，他迅速地做出决定要退出假发市场。急流勇退之后，他回到了澳大利亚，又开始寻找新的商机，进入了葡萄酒酿造业。

正如刘文汉所预测的一样，假发行业在经过了一段时间的发展之后，利润开始缩减，繁荣不再。而此时的刘文汉早就已经开拓了其他的事业——他已经在酿酒业中找到了自己新的定位，丝毫没有受到影响。

可见，退是一种战略，需要智慧。人的一生有进也有退，该进则进，该退则退，只要符合各自的生存状态，只要符合各自的理想追求，进退都是为了缔造出绚丽多彩的人生。

智慧箴言

懂得顺势而为的人，在进与退的人生旅途中显现出超凡的智慧。只要我们驾驭了进与退的智慧，便能够进退自如，人生便充实而不虚华，精彩而不单调乏味。

恪守承诺，说到就要做到

自己不能胜任的事情，
切莫轻易答应别人，
一旦答应了别人，
就必须实践自己的诺言。
——华盛顿

巴基斯坦前总统阿尤布·汗曾经说过：“诚信犹如一根细丝，一旦断了就很难把它接上。”这个比喻恰如其分地说明了说到做到、信守诺言的重要。

中华民族向来讲究诚信，自古至今，人们都把讲信用、守信义作为自己为人处世的标准，这也是我国传统美德之一。讲求诚信不仅反映一个人的修养，更能看到这个人的道德水准，“言必行，行必果”的古训永远都不能遗弃。

古代圣贤对于诚信也十分推崇，他们为人诚信是“君子”的标准，不管说什么话都需要信守承诺。“言而无信，何以为言”，正说明一个人如果说话不算话，那他就没有必要再说话了。韩非子认为“巧诈不如拙诚”，再灵巧的欺诈都不如笨拙的诚实来得珍贵，可见诚信是古圣先贤所认定的做人的重要标准。一个人只有保持诚信，才能让自己的心灵变得坦荡，才能让自己获得尊重，并最终赢得属于自己的事业。

东汉时，张劭和范式同在京城洛阳读书，二人情同手足，感情甚好。然而，天下没有不散的筵席，分别在即，张劭站在路口，望着天空的大雁说：“今日一别，不知何年才能见面啊！”说着，便泪湿衣襟。范式拉着张劭的手劝慰说：“兄弟不要难过，两年后的秋天，我一定去你家拜望你和老人，到时再相会。”

时光飞逝，转眼就到了两年后的秋天，张劭对母亲说：“刚才我听见天空雁叫，秋天到了，范式快来了。我们准备准备迎接他吧！”他母亲不相信，叹息道：“一千多里路啊！又没有什么重要的事情，范式怎么会来？”张劭说：“范式为人正直，极守信用，不会不来的。”老母亲怕儿子伤心，只好去准备酒菜。约定的日期到了，范式果然风尘仆仆地赶来了，旧友重逢，亲热异常。老母亲高兴得直掉眼泪。范式重信守诺的故事从此被后人传为佳话。

一个人要想立足于社会，做出一番事业，就必须具有诚实守信、说到做到的品德。一个弄虚作假，欺上瞒下，糊弄国家与社会，骗取荣誉与报酬的人，是要遭人唾骂的。诚实守信是一种社会公德，是社会对做人的基本要求；是追求成功的必由之路，它既体现了对他人的尊重，也表现了对自己的尊重。对别人言而无信，不仅害了对方，有时也危及自己。中国古代就有不讲诚信而自食恶果的例证。

西周时期，周王在丰镐（今陕西西安市长安区）建都，这里距离戎人很近。为了确保天子的安全，周天子便和诸侯们约定：如果戎人发兵来犯，周天子就点燃烽火，诸侯看到信号就会来营救。

周幽王时期，他所宠爱的妃子褒姒不喜欢笑，为了哄褒姒开心，周幽王便点燃烽火。诸侯的军队看到烽烟燃起，赶紧发兵来救周天子，却发现自己被骗了。而褒姒看到他们狼狈的样子，终于开心一笑。如此反复几次，诸侯们再也不相信烽火信号了。而戎人也得知了这一消息，便发兵来犯。可当周幽王慌乱地点燃烽火的时候，诸侯们却一个都没来。最后无人相救的周幽王被戎人杀死在骊山，被天下人耻笑。

与周幽王将诚信当儿戏，烽火戏诸侯相比，下面的这个例子从另一方面说明了诚信的重要性。

郑周永作为韩国现代企业集团的创始人，曾经在1953年承包了高灵桥的修建工程。可是这个工程却没有给郑周永带来多少利润，相反，从一开始高灵桥工程便多灾多难。因为这一地区有很多山洪，导致桥墩不断被洪水冲坍方。一年的时间过去了，原计划的十三个桥墩却没有完成。而当时的韩国物价飞涨，工程的费用总额比签约时高出了七倍。

面对这样的困境，有人对郑周永提出建议，让他放弃这个工程。如果继续投入，所需要花费的钱将远多于放弃工程。可是郑周永却认为损失金钱是小事，如果损失了自己的信誉则不可原谅。因此就算是倾家荡产，他也不愿意放弃这个工程，一定要按照合约完成。

几年之后，工程终于完成了，郑周永却因此欠下了巨额的债务。但他获得的却是韩国政府和民众的信任，他的名声也开始广泛地为大家所熟知。此后，政府帮助郑周永投标了韩国的其他项目，让他一跃成为韩国建筑业的领军人物。而修建高灵桥所带来的损失也因此被弥补，还获得了丰厚的回报。

在竞争激烈的现代社会，拥有良好的信誉显得尤为可贵。当人们相处时，一个没有信誉的人必然不被信任，不管是作为朋友还是同事，他的发展都会因为诚信的缺失而受到影响。诚信虽然看不见，却是我们最珍贵的财富。

智慧箴言

言而无信不会给人带来任何好处，即便是暂时获得了些许利益，也会因为缺乏诚信而遭遇更大的阻碍。只有那些坚守诚信的人，才能受到大家的信任和尊重。

— · —
第五章
— · —

倾听助你有效沟通

在我们的日常生活中，很多人都认为能说会道就可以在社会中立足，但是事实却并非如此。我们发现能够立足于社会的人，往往是那些寡言少语、喜欢听别人讲话的人。倾听是一项人人都需要掌握的语言技巧，它更能表现出一个人的修养水平。倾听虽然无声，却有着强大的力量，可以为你带来更多的尊重，赢得更多的信任。

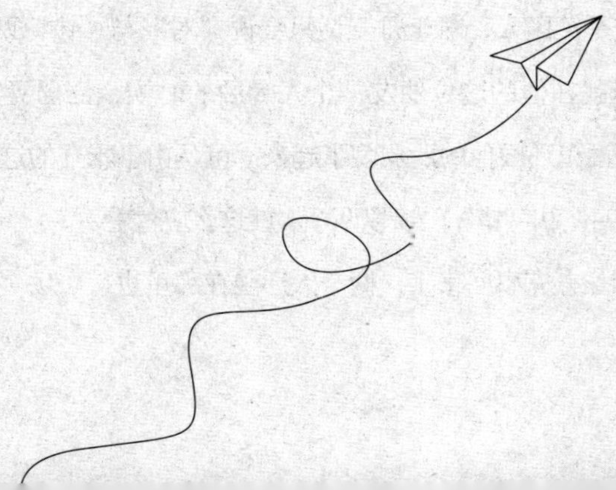

倾听是礼貌的表现

兼听则明，
偏听则暗。
——《新唐书》

英国前首相丘吉尔不仅是闻名世界的政治家，也是一位语言学家，他曾经说过一句富有哲理的话：“所谓勇气，需要挺身直言；所谓勇气，也需要静坐倾听。”这个道理在英国著名广告公司执行创意总监雅登的著作《不管你在想什么，反向思考就对了》中也得到了体现，不同的是雅登用一个有趣的故事来说明倾听的重要性。

雅登告诉我们，他曾经有一次和一位朋友去酒吧喝酒，喝到中途，由于他有急事，只好非常抱歉地把这位朋友单独留在了酒吧里。雅登的这位朋友是英国人，对于丹麦话只会说“对”与“错”两字。

可是就在他的这位朋友一个人喝酒的时候，摇摇晃晃过来了一个酒鬼，这个酒鬼还跟他的朋友聊了起来。可是由于雅登的这位朋友只会用丹麦语说“对”和“错”，所以两个人就这么应付着。

等雅登办完事回来了，两个人还坐在那里进行一场“天南地北”的对话，可是听听自己的朋友口中仍然还是那两个字——“对”和“错”。雅登看到这种情况，起初的时候还有点纳闷儿，到了后来才想明白，酒鬼肯定是像“酒逢知己千杯少”一般，所以缠着雅登的这位朋友开始高谈阔论，别无缘由，因为在酒鬼的心里，认为雅登的这位朋友是一个难得的能够听他讲话的人。

我们所说的倾听，是我们人类天生的本领，任何人都不需要进行特殊的学习，一生下来就能够耳听八方。然而，如何才能将这一本能发挥得更好，给我们带来更好的帮助，这个看起来感觉容易，其实不然，尤其在朋友和夫妻之间，最不容易。

一位欧美人士曾经如此形容夫妻结婚以后的关系：“结婚第一年，丈夫讲话，妻子倾听；结婚第二年，妻子讲话，丈夫倾听；结婚第三年，夫妻两人争着讲话，旁人倾听。”当然这只是一个趣事。但是在现代的企业管理中，是最讲究双向沟通的。这也就是说，作为一个主管或者领导，是不能永远高高在上的，一个只知道对自己的下属发号施令的领导，即使部下有了非常好的意见，他也会充耳不闻的。当然，有的领导还常常摆出一副自己“官大学问大，我是领导我最牛”的架势，甚至在与下属谈话的时候都是以教训的口吻，这也是非常要不得的。

现实生活中，很多人为了引起别人的注意，常常会滔滔不绝地来谈论自己的事情。这样的人是一位谈话高手吗？他们这么做就能吸引别人吗？答案当然是否定的。这样的人既不是谈话高手，更不可能引起别人的注意，只因他根本没有意识到倾听的重要性。

戴尔·卡耐基曾说过：“如果你想成为一个谈话高手，那么首先你就得学会聆听，要鼓励别人多谈他自己的事，而不是让别人只听你说话。”

戴尔·卡耐基还给我们讲了一个故事。

有一天，他去纽约参加一场重要的晚宴，在这场晚宴上，他碰到了一位当时全世界都非常著名的植物学家。但是戴尔·卡耐基从始至终都没有与植物学家说上几句话，只是全神贯注地听着，听这位著名的植物学家介绍有关外来植物和交配新产品的许多实验。

然而等到晚宴结束以后，这位植物学家向主人极力称赞戴尔·卡耐基，说他是这场晚宴中“最能鼓舞人”的一个人，更是一个“最有趣的谈话高手”。其实戴尔·卡耐基几乎没怎么说话，只是让自己细心聆听，最后却博得了这位著名植物学家的好感。

可见，我们在社交场合不仅要自己会说话，更为重要的是能够让对方多说话，自己则作为一个好的听众。

聆听不仅仅是我们对别人的尊重，而是一种礼貌，它还有很多好处。

倾听可以使说话的人感受到别人的尊重。

戴尔·卡耐基曾经说过：“专心地听别人讲话，就是我们所能给予别人的最大赞美。”这句话的确精辟，因为不管是什么人，领导、下属、同事、亲人或者朋友，我们如果学会倾听，都能够让他们感到自己被尊重。我们每个人的天性中，总是期待着自己关注的问题能够引起他人的兴趣，如果有人愿意听你谈论自己关注的事情，那么你自然就会有一种被别人重视的感觉。

倾听可以缓和两者之间的紧张关系，倾听可以缓解他人的压力，倾听可以让我们变得更加聪明。

如果现在的你是一位话多的人，那么就应该学会改变自己，先让自己成为一名优秀的“听众”吧。只因倾听别人的讲话，是一种礼貌，也是一个人应该具有的修养。

智慧箴言

倾听，是一个让思想能够走向深刻纯净的好习惯，也是一个让我们能够受到他人欢迎的最简单的方法。善于倾听，是一个优秀的人所要具备的最基本的素质，我们应该记住：要想成就一生，就应该学会倾听，善于倾听是迈向成功的捷径。在生活中最有成就的人，不是那些能说的人，而是那些最善于倾听的人。

认真聆听是对他人的尊重

信言不美，美言不信。
善者不辩，辩者不善。
知者不博，博者不知。
圣人不积，既以为人，己愈有；
既以与人，己愈多。
天之道，利而不害。
圣人之道，为而不争。

——老子

我们都会有表达自己愿望的想法，如果我们在表达自己愿望的时候不去了解别人的感受，甚至不分场合与时间，就打断别人说话或抢着接别人的话头，那么这样会扰乱别人的思路，从而引起对方的不快，有时则会产生严重的误会。

当你看到自己的朋友和一些不认识的人聊得非常开心的时候，你可能也很想和他们一起聊一聊。但是由于你不知道他们在聊什么话题，而且你的突然加入也许会让他们感到很不自在，那么原来的话题可能就不能继续下去了。更糟的是，他们正在谈论着一件重要的事情，可是由于你的加入，他们再也没有办法集中思想进行谈论了，于是就在这无意中失去了这笔交易；或许他们正在苦苦思索要解决一个难题，可是正当这个关键时刻，由于你的插话，从而导致了他们想不起来刚刚要月什么办法来解决问题，到最后整个场面的气氛也会变得尴尬。如果遇到这样的情况，大家一定会觉得你很无礼，也会开始讨厌你，次数一多，你的人际关系自然也会受到影响。

有些人总是会在别人谈话的时候，特别是在别人说话说到高兴的时候，就突然插进来，让别人猝不及防。而且他可能还会就此滔滔不绝，根本不管你刚才说的是什么，就会将话题转移到他感兴趣的方面，而且有的时候他甚至把你的结论说出来，然后得意扬扬地向别人炫耀自己的才能。无论是哪一种情况，都会让说话的人立刻产生厌恶感，因为随便打断别人的谈话是非常不礼貌的。

有一次，一个老板正在和几位重要的客户谈生意，眼看谈得差不多的时候，老板的一位朋友进来了。这位朋友一进来就大大咧咧地说：“哇，我刚才在大街上，可算是看了一个大热闹……”接着就开始往下讲这个热闹了。老板顿时不高兴了，便示意朋友不要再说了，可是这位朋友不管不顾，依然说得津津有味。当时客户见谈生意的话题已经被打乱，于是就对老板说：“你先跟你的朋友谈吧，我们改天再来。”说完就非常生气地走了。这位老板也因为朋友乱插话，最终损失了一笔大生意。

在别人说话的时候随意插话、打断，是一种缺乏涵养的行为，很多人都在不经意间做过这样的事，也因此在不知不觉中失去了自己的好人缘。要想拥有好的人缘，要想让别人能够喜欢你、接纳你，就必须改变随便插话的陋习，在别人讲话的时候千万不要多嘴，要学会认真地聆听。

很多人为了能够让别人赞同自己的观点，不管目前是什么情况，就开始唠唠叨叨说个不停，使别人根本没有说话的余地，这也是某些推销人员最易犯的毛病。一味地对顾客夸耀自己的商品多么好，让顾客没有说话的余地，其实是一种非常愚蠢的做法。其实当顾客有了购买商品的欲望时，才会挑剔你的商品，甚至会批评你的商品，这种时候，你根本不用和他进行争辩，因为当他选定之后，自然会购买。

所以在别人说话的时候，如果有不同的意见，应该等别人说完了再说，千万不可随意打断或是阻止别人的谈话。

智慧箴言

交流不仅需要语言，更需要倾听，只有倾听才能让你更加明白这个世界，才能更加理解别人所阐述的事理，从而让自己吸取更多经验。倾听虽然只是一个简单的动作，却有着强大的用途，平凡的人也可以通过它走上成功的坦途。

把说话的机会留给别人

/
那些乱插话者，
甚至比发言冗长者更令人讨厌。
——培根
/

人们使用语言是为了让别人了解自己，而如果只顾着自己表达，却不去关注别人的感受，就不能保证别人都能理解你所表达的内容。得不到正确反馈的表达是失败的，只顾着自说自话却不听取别人的意见，那只能算是废话连篇。

俗话说："说得好，不如说得巧。"有时候说好一句话就有可能让你得到晋升，但有时候一句话也有可能给你带来杀身之祸。

三国时期，有一个人叫杨修，他才思敏捷，在曹操大营中担任主簿。因为依仗着自己的才华，杨修得罪了很多人，而他自己却一点都不曾察觉。

有一次，曹操想要修建一座花园，竣工后，他兴致勃勃地前来查看。可看完之后，他却又一言不发地走了，只是在门上写下了一个"活"字。曹操的本意是想卖个关子，看谁能猜中自己的意思。杨修看到了曹操在门上所写的“活”字，一下子就猜到了他的意思，他大笑着四处宣扬说：“丞相是嫌门太窄了，因为门上写‘活’，自然是‘阔’的意思了。”于是工匠便按照这个意思重新修筑了门墙，将门扩大。完工之后再请曹操查看，果然获得了他的赞赏。但当曹操听说杨修轻易就解开了自己的哑谜，而且还四处宣扬，心里便非常不高兴。

后来，有人从塞北为曹操送来一盒酥糖，曹操觉得非常好吃，便在盒子上写了“一合酥”三个字。恰好杨修看到了，他便大胆地取了汤匙将酥糖和大家分着吃了。曹操很不高兴地问他为什么要这么做，杨修指着曹操写的字说：“盒子上写着‘一人一口酥’，我们不敢违抗您的旨意，所以就一人一口吃掉了。”

曹操一看，“一合酥”三个字竖着写确实好像是“一人一口酥”，他虽然为了保持风度而面带笑容，但内心却非常厌恶杨修这种自作聪明的举动。

不久之后，杨修又一次惹怒了曹操。因为生性多疑，曹操非常担心别人会在自己睡着的时候谋害自己，便谎称自己睡梦中会杀人，让别人不要在他睡着时靠近。为此，曹操故意杀死了一个为他盖被子的侍卫，以此来警诫别人。但杨修知道了这件事后，却立刻看穿了曹操的想法，还和别人笑着说：“非是丞相在梦中，而是你们这些人在梦中。”

对于这种带有嘲讽意味的语言，曹操忍无可忍，心里暗自下了决心，一定要找机会杀掉这个总是看破自己的杨修。

一旦曹操起了杀心，机会便无处不在。

曹操和刘备在汉中交战的过程中，双方在汉水一带对峙了很久都无法分出胜负。由于长时间的对峙，曹军已经陷入了两难困境，进也不是，退也不是，曹操心中也非常焦急。

晚上，厨房为曹操准备了一碗鸡汤，曹操看到碗中的鸡肋骨，忽然引发内心的无限感慨。这时，将军夏侯惇恰好进来请示夜间的口令，曹操随口说道："鸡肋。"

这个奇怪的口令传出去之后，大家都不明就里，只有主簿杨修立刻站起来开始收拾行装，还让自己的部下也赶紧收拾，准备回家。

夏侯惇见状非常惊慌，忙将杨修叫出去问他为什么要这么做。杨修说："丞相所说的鸡肋，弃之可惜，食之无味。正好比我们的现状，进军可能会失败，退军又会遭到别人的耻笑，在这里待下去有什么用呢？看魏王的意思接下来一定是要班师回朝了。"

夏侯惇对于杨修的见解佩服得五体投地，认为他说中了曹操的想法。为了避免仓促，夏侯惇让手下的将士连夜打点行装，随时准备撤退。

这件事传到曹操的耳中，令他大为光火，一口咬定自己并没有要退兵的意思，全都是杨修造谣，动摇了军心，并以此为由给杨修安了一个罪名，终于将杨修杀死了。

有聪明的头脑并不等于有智慧，杨修虽然聪明，但正是他的聪明害死了他。他对于自己的才华非常自信，以至于一味地夸耀，丝毫不顾及曹操的感受，总是点破曹操的想法，让他颜面无存。这样的人最后的结果只能是被踢出局，曹操最后将杨修处死，正是对于他自作聪明最严厉的惩罚。

话，不只是说给自己听，更重要的是说给别人听。既然如此，我们又怎能不考虑一下别人听了这些话以后会有什么样的感受呢？一个真正懂得说话的人，不见得字字珠玑、句句精辟，但是，他却一定能够说出对方想听到的话。

智慧箴言

英国心理学家杰克·伍德说：“很少有人能拒绝接受专心注意、倾听所包含的赞美。”与人交谈，最为重要的就是倾听别人的讲话，倾听是一种赞美和尊重。

良好的沟通，从倾听开始

知识少的人，
讲话讲得特别多；
知识多的人，
讲话反而讲得很少。
——卢梭

倾听是良好沟通的基础，在很多场合下，比如说，销售、谈判和管理等工作中，都需要有良好的倾听艺术。

英国有一位著名的主持人叫作林克莱特，他曾经在节目中访问过一个小朋友，他问："你的理想是什么？"

小朋友天真地回答："我的理想是做一名飞机驾驶员，飞翔在大西洋上空。"

林克莱特问："如果你刚飞到大西洋上，可飞机的引擎却忽然熄火了，你该怎么办呢？"

小朋友歪着脑袋想了想，说："那我就让乘客绑好安全带，然后带着自己的降落伞跳下去。"

这个回答让现场的大人们都笑了起来，他们觉得这个孩子是一个自私的小孩，只顾着自己的安全却抛弃了乘客。但林克莱特却觉得小朋友不应该是自作聪明的，当他看到小孩忽然流下眼泪，更加认定他是一个有善良之心的人。

于是，林克莱特制止了大家的笑声，继续问小朋友："你为什么要这么做？"

小朋友擦干眼泪，坚定地说出了自己的想法："我跳出去是为了拿燃料，我还会回来救我的乘客们的。"

听到孩子真实的想法，原来嘲笑他的那些人都怔住了。因为他们发现自己犯了一个巨大的错误，因为没有倾听一个孩子真实的想法，就认定他是自私的，这是对纯洁童心巨大的侮辱。

这个故事也给我们以启示：当别人说话的时候，你真的能够听懂他话的意思吗？如果你不懂，那么就请你听别人把话说完。其实这就是"听的艺术"——第一，听话不要听到一半；第二，不要把自己的意思，妄加论断地扣到别人的头上。

有的人在听别人说话的时候总是喜欢东张西望，或者是显出非常不耐烦的样子，仿佛恨不得对方能够马上结束那些无聊的言语，这种方式会伤害对方的自尊心。有的时候，你让对方快速地终止谈话的暗示，可能会让他暗自下决心——"以后打死我也不能和他说出真实的想法"。这样一来，不仅不能够达到我们沟通的目的，还会为我们的人际交往留下很多障碍。这种消极的倾听方式当然是非常不可取的，所以我们需要积极的倾听。

积极的倾听，就是指精力集中、全神贯注地倾听。特别是做一些咨询工作的时候，咨询师是特别需要耐心的，而且要有兴趣去倾听对方。外在的表现一般都是用眼睛一直注视着对方，而且在身体上要显得稍微与对方亲密一些，同时，在倾听的过程中，也需要给对方一些更好的反馈，这样才能表明你是明白和理解对方意图的，比如，可以说“嗯”“是的”“理解”等词汇或者是点头、微笑之类的动作。

一个积极的倾听方式，其实也是可以运用到对他人的心理开导上的。但是有的人在倾听别人说话的时候总是显得比较急，经常在别人话刚说到一半的时候，他就把别人还没有说出来的意思给说出来了，而且很可能把自己的意思强加到别人身上，最后导致了误会的产生。这样的沟通肯定是不成功的。所以，要想加强沟通，更好地了解别人的意思，就千万不能打断别人的话语，要默默地倾听，融会贯通才能更好地沟通。

智慧箴言

懂得倾听是沟通最基本的能力，通过倾听，我们能够了解到对方所要表达出的真正含义，如果不懂得倾听，我们往往会主观臆断，甚至歪曲对方的意思，最后将严重影响到人与人之间的关系。

倾听也是一种交流

始吾于人也，
听其言而信其行；
今吾于人也，
听其言而观其行。
——孔子

倾听是人类非常重要的交流方式，更是交际能力重要的组成部分。根据研究发现，在人的一天当中，有40%的时间在倾听，而且社会学专家还指出，在人们的日常语言交往活动中，也就是听说读写中，听的时间大约占了45%，而说的时间大约是30%，读的时间大约是16%，剩下9%的时间就是写的时间了。从这个数据中能够看出来，倾听在一个人的日常交流中是多么的重要。

就拿记者来说吧，记者在进行采访之前，肯定要设计一些采访提纲，但是回答者是不会受到记者采访提纲限制的。有的时候采访者往往可以引导被采访者向着自己设计的思路阐述，但是这种引导肯定不是生拉硬拽，更不能是强迫进行，而应该是一种看不出来的过渡。要想做到巧妙过渡，有一个非常重要的前提就是要学会倾听，我们只有懂得倾听，才能够抓住对方话语中的信息，这样才能顺势而为，进行巧妙地引导。

倾听所表现出来的不仅是对别人的一种恭敬与尊重，更是一份理解。一个人愿意听别人的看法，这会让说话的人觉得我们非常尊重他的意见，也有利于建立融洽的关系，从而能够更好地沟通。

如果我们能够让对方先开口说话，就可以避免我们与对方竞争的嫌疑。倾听有的时候可以培养良好的气氛。因为说话的人不必担心会遇到别人与自己竞争，所以就可以专心致志地讲，当然也就不会为了遮掩矛盾之处来寻找托词了。

假如对方提出了自己的看法，那么，你就有机会据此找到你们两个人观点中的一致性内容。倾听则可以让对方也更加愿意接受你的意见，而这个时候你再说话，就会更容易说服对方了。

一位采访了世界上许多知名人物的记者说过，许多人给别人留下的印象总是不好，原因就在于他们总是不注意听别人讲话。他们有的时候太过在意或者是太过考虑自己下一句应该说什么，而不是打开自己的耳朵。而世界上很多成功的大人物告诉我们，他们是喜欢听别人讲话的，有的时候他们的善听能力，甚至比任何能力都要强。

有一天，某学校要举行一次重大的活动，于是老师们千叮咛万嘱咐各个班里的同学一定要准时到校，千万不能迟到。可在那一天，小齐却来晚了，而且全校同学里面就只有她一个人迟到。于是，小齐的班主任老师十分生气，对小齐吼道："你看看你，都什么时候了，全校就你一个人迟到，你说你什么时候迟到不好，偏要在今天，你不知道今天学校有很重要的活动吗？"

当时小齐想解释，但是由于时间太紧张，老师就打断了小齐的话。但当老师把手头的工作忙完之后，才发现小齐眼含泪水，表情伤心、失望又委屈。

这个时候老师也意识到自己可能做错了什么，就轻轻地示意小齐过来，把她叫到自己的身边。当小齐抬头的那一瞬间，这位老师永远都不会忘记小齐那充满恐惧与不安的目光，里面甚至能看出一丝憎恨。

原来小齐是因为她的妈妈生病了，着急把妈妈送到医院，才迟到了。后来老师知道了事情的真相，就在全班同学面前给小齐道了歉，也得到了小齐的原谅。但是小齐当初那种恐惧、不安，甚至有点憎恨的目光却深深地印在了这位老师的脑海中。

可见不听人解释，会造成不小的误会。所以，我们千万不要在对方还没有说完时，就打断对方，妄自下结论。努力弄懂对方的真实意图，能够更好地把握住对方谈话的实质。

当然了，还有一种情况是比较特殊的，那就是我们经常说的"乒乓效应"，什么叫"乒乓效应"呢？就是指听别人说话的人总是会在恰当的时候提出许多能够抓住问题关键的意见或者是一些感想，从而来响应对方的说法。还有就是我们一旦听漏了一些地方，或者是有听不懂的地方，我们就要等对方话语告一段落的时候，提出自己心中的疑问。

我们在某些场合要注意抓住对方话语中的关键词。什么叫关键词，就是指描绘具体事物的一些字眼儿，而且这些字眼儿往往能够泄露出很多重要的信息，同时也能够显示对方的兴趣和情绪。我们通过关键词，就可以看出对方喜欢的话题，以及对对方的一种信任。当然，如果我们能够找出对方话语中的关键词，就可以帮助我们来判定对方的说法是否正确。也只有在我们提出自己感兴趣的问题或者想法的时候，对方才会感觉到你是真正关心和在乎他的谈话。

对于一般性的谈话，说话的人为了能够不使听众感到枯燥，他们往往说得都比较动听，甚至有美感，而这就需要对自己的语言进行一个很好的修饰，所以有的话我们听起来不是那么直截了当，其实这些都是很正常的现象。所以，我们不要被这些个别的枝节分散了注意力，而最后忽略掉了对方谈话的实质。

智慧箴言

懂得倾听，就懂得做人。很多人在交流中往往会忽视倾听，但是从今天开始，就让我们改变以前的不好习惯，开始注意倾听。有的时候倾听也是一种很美妙的事情，我们能够在倾听中学到很多。

学会倾听，拥有智慧

倾听是心灵的妙药，
沟通是情感的桥梁！

——谚语

每个人都有各式各样的朋友，我们与朋友之间在特定的某一点上总是特别一致的，我们无须喜欢这些人的全部，但我们与他们确实有相同之处。你也许有一些喜欢“活动”的朋友，他们喜欢做的一两件事也许正是你所喜欢做的，诸如驾驶帆船、收藏古董、听歌剧、打网球之类——所有这些嗜好你也非常喜欢。可是当你不得不与这些人面对面在餐厅坐上一个半钟头时，你就会发现：还是刚才的人，他们什么也没改变，而这时你会觉得他们极其令人讨厌。

孟鑫和肖赞是同班同学，比起肖赞，孟鑫在很多场合更受欢迎。因为他总能受到邀请，经常有人请他去参加聚会。当然，由于孟鑫受人欢迎，他还担任了很多社团的重要职务。

有一天晚上，肖赞碰巧去一个朋友家里参加一个小型的宴会，当他发现孟鑫和一个非常漂亮的女孩子在一个角落里说话，非常好奇，就站在远处仔细观察了一段时间。肖赞发现，那位漂亮的女孩一直在说话，可是孟鑫好像很少说话，他只是有时笑一笑，或者是点点头，仅此而已。几小时以后，宴会结束了。

第二天一大早，当肖赞看见孟鑫的时候，不禁问道："昨天晚上我在宴会上看见你和一个非常漂亮、迷人的女孩在一起，她好像对你很有好感啊，被你深深吸引了，你到底是怎么做到的？"

孟鑫回答说："非常简单，当我和她开始说话的时候，我只是对她说：'你的皮肤很漂亮，你的身材很好，你为什么要来参加这个宴会呢？'于是，我们两个人就聊了起来。今天早晨这位漂亮的女孩打电话给我，说她很喜欢我陪她。她说很想再见到我，因为我是最有意思的谈伴。但说实话，我整个晚上也没有怎么说话。"

其实，孟鑫受到别人欢迎的原因非常简单，就是懂得倾听。

在美国汽车销售行业，有一位著名的销售冠军叫作本杰明·班德拉斯。在他数十年的从业经历中，一共卖出了一万多辆汽车，是迄今为止无人可以超越的纪录。而在吉尼斯世界纪录大全中，更记录了班德拉斯的一项世界纪录：一年之内卖出1400辆汽车。能获得这么大的成功，班德拉斯总是认为自己所做的并不多，他所坚持的唯一秘诀就是努力倾听客人说话。

汽车销售员为了吸引顾客的注意，总是滔滔不绝地对客人推荐各种车型，对于车的各类指数介绍个不停，希望可以让客人心动。班德拉斯也曾经非常热衷于使用这一技巧。

有一次，有个富人来到汽车销售门店，打算选购一款汽车送给自己的儿子。班德拉斯立刻热情地迎上去，为他介绍了各款车的优势，并集中推荐了一款适合年轻人的越野车。他说："这款车您的儿子一定非常喜欢。"

这位顾客前前后后看了几遍，对车的型号和性能都非常满意，他对班德拉斯说："是的，我的儿子吉米是一个非常好动的年轻人，他这一次可以获得伯克利大学的奖学金实在太令我喜出望外了。只有这辆车才可以表达我对他的祝贺！"

班德拉斯顺势和顾客闲聊了起来，他们说了很多关于车的使用注意事项，也说了很多高中生申请大学的事。他发现，这位顾客特别喜欢说自己的儿子吉米，当他提起这个名字的时候，眼神里掩饰不住的骄傲使他神采飞扬。

闲聊不经意间就过了几小时，班德拉斯提醒顾客："先生，要是您对车子满意的话，我们现在就去签单吧！"

顾客点点头，一边走一边说："我很满意，可以签单。吉米很喜欢运动，我希望这款越野车可以带他多走一些地方，增长一下见识，让他能够实现更多的愿望。"

班德拉斯一边点头，一边听顾客说着他儿子的事。可是旁边另一个销售员忽然说了一个好笑的笑话，周围的人都大笑起来。班德拉斯也忍不住转过头去看他们在笑什么。等他再回过头来的时候，那位顾客的脸色却忽然一变，说："我想再考虑一下！"

班德拉斯忙问："您对车子还有什么疑问吗？我可以现场为您解答！"

顾客皱着眉头说："不，我没有疑问，我只是需要慎重地考虑，看这辆车是不是适合吉米。"

看着匆匆离去的顾客，班德拉斯心里充满了疑惑。这些疑惑困扰着他，直到半夜都不能入睡。他搞不明白究竟自己做错了什么，让一个即将签单的顾客忽然离开。如果得不到答案，他一定睡不着觉。

于是，班德拉斯半夜拨通了白天那位顾客的电话，在"嘟嘟"几声之后，电话被接起来。班德拉斯忙说："您好，我是白天的那位汽车销售员，我很想知道您今天为什么忽然放弃了那辆车。"

电话那端的人很不高兴地说："难道你不知道现在是几点吗？"

班德拉斯抱歉地说："我知道现在不是打电话的时候，可是我实在太想知道答案了，我要成为一个一流的汽车销售员，以至于无法等到天亮，请您一定要告诉我答案。"

那位顾客问："是吗？那你现在是不是在认真地听我说话？"

班德拉斯回答说："当然，我现在非常认真。"

那位顾客说："但是白天的时候，你并不认真。在我说到吉米喜欢运动的时候，你只是在敷衍我，并没有将我的话放在心上。我想，你可能觉得我已经百分之百会签单了，所以不用付出全部的精神来与我交谈了，也就不再认真听我说话了。但是，我要告诉你：认真的倾听是对顾客最大的尊重。你今天失去了我的单子，算是给你一个教训吧！”

直到此时，班德拉斯才想起自己当时准备签单，一边又听到别人讲的笑话，所以才走神了。为了这一次走神，他损失了一个大单子。而这一次的损失，也让他明白了倾听别人说话是多么的重要。当你对顾客没有表现出百分之百聚精会神的专注，你就会失去他的信任，自然也会失去他的单子。在之后的销售生涯里，班德拉斯总是站在顾客的角度，对顾客说的每一个话题都表现出非常浓厚的兴趣，与他们热烈地交谈。他的做法赢得了许多人的喜爱，而他的销售业绩也自然节节攀升，终于成为销售冠军。

倾听是语言艺术中最为重要的一项，能够做到安静聆听别人讲话的人，是富有思想并且具备谦虚柔和心态的人。让这种心态充满你的生活，一定会让你获益良多。

智慧箴言

学会倾听，我们就能够获得更多的知识，能够在仔细聆听对方的过程中发现一些新的想法。西方有句谚语：“为什么我们人类有两只耳朵、一张嘴，就是让我们多听，少说。”所以，倾听对于我们每个人来说都很重要。

第六章

大智若愚，学会糊涂对待

糊涂，是一种生存智慧，也是一种精神上的超脱。大千世界，林林总总，没有人能够凌驾于这个世界之上。所以，我们在某些场合，应该学会适时放弃自己的精明和心计，装装糊涂，顺其自然。糊涂对待某些人或事物，或许结局会是另一番景象，甚至会有意想不到的收获。

糊涂是大智若愚的展现

聪明难，
糊涂尤难，
由聪明而转入糊涂更难。
放一着，
退一步，
当下安心，
非图后来报也。

——郑板桥

郑板桥在山东做官时，民间流传了很多关于他的逸事，其中有一则就是关于“难得糊涂”的来历。据说那一年，郑板桥为了观看郑文公碑，来到了山东莱州的云峰山，山中天色晚得早，他来不及下山天便黑了，无奈之下，郑板桥来到一间山间茅屋的外面，请求主人能收留他一宿。

茅屋的主人是一位儒雅的老翁，自名糊涂老人。让他惊奇的是，老人的书桌上放着一只质地优良、镂刻精美的砚台，郑板桥极为喜爱。老人见此便请他在砚台的背面题上一句话，郑板桥想了想，写下了“难得糊涂”四个字，并用了“康熙秀才雍正举人乾隆进士”的方印。

因砚台还有空白处，老人便写下了一段跋语：“得美石难，得顽石尤难，由美石而转入顽石更难。美于中，顽于外，藏野人之庐，不入富贵之门也。”他也用了一块方印，印上的字是“院试第一，乡试第二，殿试第三”。郑板桥大吃一惊，这才知道老人原来是一位退隐的官员。

郑板桥眼见砚台还有空隙，又想到了老人的名称，便也写下一段：“聪明难，糊涂尤难，由聪明而转入糊涂更难。放一着，退一步，当下安心，非图后来报也。”

后来“难得糊涂”这四个字经常被一些人当作座右铭，提醒自己做任何事情，要拿得起放得下，要悟透人生。难得糊涂方是人生佳境。

大家都知道三国时候的诸葛亮，他作为刘备的军师，运筹帷幄，计谋良多，每每都能让刘备转危为安。但诸葛亮也有缺点，他凡事喜欢亲力亲为，为了刘备呕心沥血，然而，这种不能放权的态度却也是导致他只是谋臣，不是君主的原因。

人在该糊涂的时候就要糊涂，有些事要亲自去做，而有些事，要交给下属去做，如果所有的事情都自己做了，那么劳心劳力之余，也办不成大事。

在处理人际关系上“糊涂一点”的人，是比较洒脱的人，宋朝的吕蒙正就是这样的人。

那时他刚刚当上宰相不久，众官员中有人不忿，嫉妒他的得势，便借着他的出身来打击他：“就吕蒙正那个穷小子，他也配当宰相吗？”

吕蒙正此时正在不远处，清晰地听到别人对他的非议，但他什么都没说，转身走了。他的随从很是愤怒，打算去查查是谁敢这么中伤他。

吕蒙正得知后，劝阻了他们，说："千万不要去查是谁，我并不想知道。不知道的话我可以很容易忘掉这件事；相反，如果知道了，可能这辈子都会记得，这有什么好处呢？"后来，很多人都知道了这件事，一时之间众说纷纭，有人说吕蒙正宽宏大量，有大将之才；也有人说他糊涂至斯，实在是难当大任。这件事后来被宋太宗知道了，他说："吕蒙正才真正是宰相肚里能撑船，小事糊涂，大事可半点也不糊涂啊！"

人生在世，不如意事何止一二，能在无伤大雅的小事上一笑置之，何尝不是一种积极的人生态度。遇事糊涂一点，心态放宽一点，凡事不较真儿，顺其自然，你的人生也会更为顺遂。

有这样一位爸爸，在对待自己的孩子时，他常以"聪明"自居。他时常训斥自己的孩子："你真笨，连这样简单的题都不会做！你的老师也是个笨蛋，连这样简单的题也没教会你。来，看你爸爸我的。"在这位"聪明爸爸"的影响下，孩子逐渐对老师的水平也产生了怀疑，从此他上课也不认真听讲了，最终导致学习成绩一落千丈。

无独有偶，还有一位家长，本身是一位鼎鼎大名的植物学家，但他却以"笨爸爸"自居。有一天，读小学二年级的儿子拿着一株小草去问老师叫什么名字。其实老师也不认识这种草，但这位老师很诚实，她亲切地告诉植物学家的儿子："你的爸爸是个很有学问的植物学家，他应该知道，你去问他吧，老师也很想知道这株小草的秘密呢！”第二天，这名小学生找到老师说：“我爸爸说他也不认识这株小草，他还说老师一定知道，可能是一时想不起来了。所以，他让我再回来问问你。另外，他还让我给老师带来了一封信。”老师接过信打开一看，内容是关于这种小草的详细介绍。信的结尾还附了一句话：“关于这个问题，我觉得由老师来直接回答会更为恰当。”

“笨爸爸”很明显比“聪明爸爸”要高明得多，单从孩子的教育层面来讲，“笨爸爸”的教育方式是成功的。以“笨爸爸”自居的植物学家，他具备的植物学知识已经足以对孩子的问题做出解答，而他却并不想夸耀自己，因为他知道老师的权威性对孩子教育的重要。知识和才华就好比是家中所收藏的财富珍宝，在需要使用的时候，完全可以将它取出来解决问题。但在不需要的时候拿出来炫耀，便不是明智的做法。喜欢表现自己小聪明的人并不知道聪明最重要的不是炫耀，而在使用，在恰当的时机使用恰当的智慧才是最聪明的做法。

郑板桥告诫人们：“聪明有大小之分，糊涂有真假之分，所谓小聪明大糊涂是真糊涂假智慧。而大聪明小糊涂乃假糊涂真智慧。所谓做人难得糊涂，正是大智慧隐藏于难得的糊涂之中。”

从另一个角度来看大智若愚的人，会发现他们只在小事上“愚”，在面对大事时却非常理智。而这种小事中的“愚”正是他们智慧的灵活性表现。在需要表现得“愚”的时候，他们不会因为面子、地位等原因而故意表现自己的聪明。在需要原则的时候，他们则会保持清醒做出最理智的判断。在聪明和糊涂之间来去自如，是大智若愚者灵活性和原则性的通力合作，这也让他们从来不会被世俗的烦恼所侵扰。

曾经担任美国总统的威尔逊先生，在他小时候并没有表现出多聪明，相反，因为发育迟缓，威尔逊小时候总是表现得非常木讷，这也让他身边的很多人都以取笑他为乐。

有一次，小威尔逊在家门口玩，平日最喜欢和他开玩笑的一个邻居笑眯眯地走过来，他的手里还握着两枚硬币，一个是1美元的，一个是5美分的。邻居问威尔逊："小家伙，这两枚硬币之中，你只能选择拿走一枚，你会选哪一枚？"

小威尔逊皱着眉头想了半天，似乎分辨不出它们的差别似的，他说："我要5美分这个。"

周围的邻居们听到这个选择全都笑了，他们都对威尔逊指指点点地说："看来这个孩子真的是个智障，连1美元和5美分哪一个多都分不清楚。"这件事靠着人们口耳相传，很快就在整个镇子里传开了，大家都嘲笑威尔逊分不清钱。

但是，有很多人还是不相信，他们认为1美元和5美分的差距太明显了，威尔逊怎么会傻到这种地步呢？于是便有人纷纷拿着钱来测试，1美元和5美分的选择成了人们和威尔逊时常玩的游戏。这个游戏玩过了很多次，威尔逊的选择始终是5美分，人们在嘲笑他傻的时候，也更加嘲笑他不会学习。

后来，这个笑话传到了威尔逊的学校，老师和同学们也都知道了威尔逊是一个分不清钱的人，而看到每天都有人用同样的方法戏弄威尔逊，老师也感到非常无奈。终于，有个老师实在看不下去了，他好心地将威尔逊叫到了自己的办公室，对他说："孩子，难道你真的分不清5美分和1美元之间的差别吗？"

威尔逊的回答让这位老师大吃一惊，他说："老师，我当然知道1美元比5美分要多。但我要了5美分，他们就会不断地找我来试，我就可以不断得到5美分，积攒起来早就超过了1美元。如果我选择的是1美元，那他们就不会再来找我，我就连5美分都赚不到了。"老师顿时目瞪口呆，原来傻的不是威尔逊，而是那些戏弄他的人。

生活中，智慧和聪明的关系就像是主人和仆人，主人没有仆人的协助不行，会显得非常笨拙狼狈，缺乏效率。仆人需要主人的方向，没有主人的仆人，等于失去了用处。因此，我们必须通过实践把聪明转变成智慧，在智慧的基础上行动，从而能够事半功倍。

智慧箴言

"难得糊涂"是一种经历，只有饱经人生坎坷的人才能懂得其真谛；"难得糊涂"是一种境界，只有心胸宽广的人才能做到收放自如；"难得糊涂"也是一种智慧，只有淡泊名利的人才能领悟到。

糊涂是一种处世策略

美德往往建立在智慧的根基之上，
而智慧之花则时常生长于豁达和“糊涂”的土壤里。
——谚语

我们常听到有些人训斥他人：“你这个人真糊涂、真愚蠢！”因此，人们都觉得“糊涂”是用来骂人的，是贬义。其实不然，糊涂与愚笨是有本质区别的，糊涂并不是傻或笨，相反它是人们内在的一种为人处世的大智慧。

海瑞是中国明朝时期的著名清官，人称“海青天”。他不仅是一个廉洁的官员，还以正直而闻名，就算在没有担任什么重要职务的时候，他都敢于直言，从不会畏惧权贵。

海瑞在入仕之初，曾经在浙江淳安县做过一任知县。他抑制豪强，安抚百姓，获得了很好的声誉，深得民众的爱戴。某一天，县驿站来人告状，声称有人嫌弃驿站的马不够健壮，甚至将管理驿站马匹的官员殴打了一顿，而那个人自称是当朝总督胡宗宪的儿子，所以大家都不敢阻拦。

听到这件事，海瑞非常生气，他急忙赶到驿站，果然看见一个穿着绸缎的人正在殴打一个小吏。可怜的小吏被绑在树上毫无还手之力，周围的人也只能看着。在这个嚣张的打人者身边，还摆放着十来个箱子，上面贴着总督府的封条。看到这些封条，海瑞确定这个打人者正是胡宗宪的儿子，而那些箱子里一定是胡宗宪平日搜罗的财宝。

众人正在慌乱的时候，海瑞却已经想到了办法。他先是让衙役将箱子全部打开，里面果然都是金银珠宝，嚣张的打人者看他们拆掉了封条，顿时大惊失色。海瑞厉声喝道："你这个恶人，从哪儿抢劫来的金银？居然还敢冒充总督大人的儿子！"

打人者忙说："我真的是胡总督的儿子，不信你派人去问。"

海瑞说："总督大人清正廉洁，上一次他来淳安巡查的时候，还曾经再三地告诫我们不要铺张浪费。如此节俭的总督怎么会有这么多的金银珠宝，何况又是个来路不明的人携带。你这么做是在败坏总督大人的名誉，这种行为必须严惩。"

说着，海瑞让手下将胡公子的银两全部没收，交给了国库。又写了一封信给胡宗宪，声称自己抓到了一个冒充胡公子的人，并将人一起交给胡宗宪发落。

收到海瑞的信，胡宗宪被气得七窍生烟。又看到自己的儿子被五花大绑地送回来，他更是气得说不出话来。他本有心为难海瑞，但这件事海瑞又做得无可挑剔，如果胡宗宪承认了那些银子都是自己的，就必须要交代银子的来源。所以，他只好忍气吞声，不敢对别人说起，更不敢告诉别人自己的儿子被海瑞惩治。

就这样，海瑞将计就计，用揣着明白装糊涂的策略整治了胡宗宪和他的儿子。

生活中我们难免会遭遇一些突如其来的境遇，只要你保持镇定，学会糊涂面对，就能化险为夷。再介绍一个有关张作霖装糊涂的故事：

民国时期盘踞在东北的大军阀张作霖，虽然是一方的霸主，但他主张全中国人团结起来，和外来的日本侵略者做斗争，这一主张使张作霖受到了当时民主人士的欢迎。

有一次，张作霖受到邀请参加一个名流集聚的聚会。在宴会进行的过程中，几个日本浪人忽然走了进来，他们恭敬地对张作霖说："张大帅治军有方的美名早就传遍天下了，而我们知道您文武双全，写的毛笔字也非常好，能不能今天赏我们一幅呢？"其实，大家都知道张作霖出身贫困，没有读过几年书，更不会写多少字。这几个日本人是有意想要让张作霖出丑，而周围又有人不断起哄，让张作霖露一手。大庭广众之下，张作霖只好说："既然盛情难却，那我就献丑了。"说着，他让人准备好了笔墨，便来到了书桌旁写了一个"虎"字。

这个"虎"字是张作霖练了很久才学会的，写完之后他有些得意，便在旁边写上了落款："张作霖手黑"。在宣纸上盖了自己的大印，张作霖将它交给日本浪人，请他们欣赏。几个日本人看着那个落款有些面面相觑，搞不懂张作霖是什么意思。

这时周围的人也看到了落款，原本应该是“手墨”的落款，却被张作霖大意写成了“手黑”，这明显是一个大失误。秘书急忙上去，悄悄地对张作霖汇报说：“大帅，应该是‘手墨’不是‘手黑’，您在‘墨’字下面少写了一个‘土’字。”

张作霖听了，不由得一愣，也注意到了自己的失误。但他很快便镇静下来，面带微笑地说：“难道我不知道‘墨’字下面还有一个‘土’吗？可我这么写是有用意的。你们知道日本人最想得到什么吗？就是我们中国的土！但这也是我们万万不能给他们的，这就叫‘寸土不让’。”

话音刚落，这一番慷慨激昂的陈词就获得了满堂喝彩，而等着看笑话的日本浪人也发现张作霖确实不是好惹的，只好悻悻地离开了。

虽然写了错字，但张作霖却可以借题发挥，不仅掩饰了自己的失误，还表明了自己的态度。在这个故事中，张作霖的糊涂是装出来的，更是机智的表现。危急时刻，恰当的糊涂反而给张作霖添彩，让他能够获得众人的称赞。由此看来，糊涂也可以成为一种策略，恰当地掌握糊涂也可以成为一种表现自己的捷径。

智慧箴言

真正聪明的人总是喜欢装糊涂，因为糊涂不仅可以体现智慧，还能让他们避免很多无谓的纷争。在处理突发事件的时候，不妨试一试糊涂地面对，说不定可以挽回不利的局面，还会有意外的收获。

适当睁一只眼闭一只眼

平凡的人睁着两眼看世界，经常看错。
不平凡的人闭一只眼睁一只眼看世界，一目了然。
超凡的人闭着双眼用心看世界，所向无敌。

——谚语

世界上没有什么事物是完美无缺的，如果两只眼全睁开，却看不到完美，人们会伤心，两只眼全闭上，又看不见光明了，所以，有时不妨尝试睁一只眼闭一只眼。人生难得糊涂，如果不能糊涂，那么适当学会睁一只眼闭一只眼也是较好的处世方式。

20世纪初，法国的一位农学家在德国考察期间第一次吃到土豆，他觉得很好吃，而且有营养。于是他很想在法国全面推广这种作物，但结果却不尽如人意。他越是热心地宣传土豆的好处，别人越是不相信。甚至有医生认为土豆有害人体健康；还有一些农民断言种植土豆会使土地变得贫瘠，以后无法生长其他作物；而宗教界则称土豆为“鬼苹果”，视其为不祥之物。

这位农学家并没有放弃，经过一段时间的思考后，他终于想出一个新点子。在政府的许可下，他租下一块出了名的低产田，在里面种上土豆，并由一支身穿仪仗队制服的卫兵看守，张贴告示称不允许任何人接近这块地。但这些士兵只在白天看守，晚上全部撤走，不留一个人。

人们终于禁不住引诱了，开始在晚上成群结队地来挖土豆，有的挖回去后就煮着吃了，有的把它种到自己的菜园里。就这样，过了没多久，这个推广土豆种植的主意获得成功，法国几乎所有人都知道了土豆这种美味的食物。

这次推广的成功正是得益于情境的巧用。如果直言土豆好，人们不信，那么换种方式，由专地种植，卫兵看守，这给人们的暗示是：这是贵重物品，由此诱发了人们的好奇心和占有欲。最终人们纷纷行动起来，在栽种和亲自品尝之后，确信了土豆是有益无害的，当然就会完全接受这种作物。而这位农学家，正是利用人们的好奇心理取得了成功。这也得益于他深谙“睁一只眼，闭一只眼”的艺术：睁眼是白天，利用卫兵看守；闭眼是晚上，任人们随便偷。

智慧箴言

“睁一只眼，闭一只眼”装出来的糊涂，其实只是表面上的糊涂。这种“糊涂”并不是真糊涂，而是“假糊涂”。嘴里说的是“糊涂话”，脸上反映的是“糊涂的表情”，做的却是“明白事”。因此，这种“糊涂”是一种更高的智慧，是精明的特殊表现形式，是适应复杂社会、复杂情景的一种巧妙的处世方式。

糊涂比要聪明更显智慧

糊涂不招人喜欢，
聪明也不一定招人喜欢；
只有聪明地糊涂着，
方皆大欢喜。

——谚语

人们喜欢用智商来衡量一个人的聪明程度，在生活中拥有高智商的人必定被认为是聪明的人。但通过对成功人士的调查，会发现并不是高智商的人就会获得成功，在他们之中只有10%的人智商超群，而剩下的90%，则不过是普通人的智商水准。那他们为什么会获得普通人无法获得的成功呢？其根源正在于他们更重视智慧，而非智商。

宋朝时候有个读书人，有一天他闲得无聊，抓了几粒稻子吃起来，觉得又扎嘴、又苦涩。

于是，他想：既然把稻子去掉皮壳，再煮熟就是非常好吃的米饭，那不如把煮熟的米种到地里，将来收获时不就可以直接吃了吗？

在这个想法的指引之下，他把余下的粮食全都煮成了米饭，然后撒到了地里。

结果可想而知，所有的粮食都白白浪费了。

这就是好高骛远、自作聪明的结果。

在生活中我们也会时常看到这样的情形，因为过于想表现自己的聪明，反而变成了要小聪明。这种愚蠢的行为正是由于缺乏认识自己的能力，所以不能量力而行。

曾国藩是中国历史上著名的军事家，他为人非常精明，却也因为精明而得到了不少的教训，吃了不少的亏。

在和读书人交往的时候，曾国藩一直都秉承着“人以伪来，我以诚往”的原则，他也时常告诫自己的弟弟曾国荃要真诚对人。

在和官场上的人交往时，曾国藩虽然深知人情世故，却经常做出不合时宜的事情。也正因为他的这种表现，有好多次他都受到了冷遇。

曾国藩曾经反思自己的遭遇，认为这是自己应得的结果。当你以真诚对待读书人的时候，他们自然以真诚来对待你。当你以诡秘来对待官场中人时，别人自然也以诡秘来回馈你。当你以不合时宜的眼光来看待别人的时候，别人也自然会以同样的眼光看待你。

在反思自己的同时，曾国藩还观察了身边的人。他的朋友李续宾虽然和他一样有一肚子的牢骚，却不懂人情世故。所以李续宾在面对官场中的各类事情时，总是含糊地应对，永远不显露自己的真实想法。

正因如此，李续宾的生活过得非常悠然自得，官场升迁也总是有惊无险。相较曾国藩处处显示自己的精明，李续宾的这种表现才是真的精明。

看到这一切，曾国藩曾经在写给曾国荃的信中说：“处处显露精明终究不是载福之道，还可能会给我们带来意想不到的灾祸。”

在写给好友胡林翼的信中，曾国藩也同样表示反省，他说：“唯忘机可以消众机，唯懵懂可以祓（消除）不祥。”

然而，并不是所有人都能够理解这一点，所以我们依旧可以看到很多人在宣扬自己的精明，他们喜欢叫嚷着显示自己的聪明，随意地指挥别人，莽撞地否定别人，用自己的标准来判断着别人的对错。这种人最后只能招致别人的厌恶，因为他们不懂得糊涂的道理。

英国首相丘吉尔的聪明智慧已经被无数人证实，但他却喜欢装糊涂。

有一次，丘吉尔和夫人受到一场宴会的邀请，和诸多外交官一起出席了晚宴。席间，一名外交官看到主人所展示的银质餐具非常精美，因此爱不释手，最后居然将一只小小的银盘放进了自己的口袋。

这个动作虽然细微，却被女主人发现了。

女主人非常着急，因为这套餐具是她的收藏，如此精美的古董餐具如果丢掉了一只银盘就不能成套，对于主人来说是非常痛心的损失。然而女主人又不好意思叫客人拿出银盘，束手无策之时，她只好求助于丘吉尔。得知女主人的焦急之后，丘吉尔笑着说：“放心，都包在我身上。”

丘吉尔并没有依靠着自己的身份叫那位外交官交出银盘，他只是悄悄地将另外一只银盘放进了自己的口袋。然后，丘吉尔走到了那位外交官的身边，做出一副什么都不知道的样子掏出了银盘，对他说："朋友，我也很喜欢这个银盘，所以刚才悄悄拿了一只。但是，你看我的衣服已经被银盘给弄脏了，这实在不好，不如我们把盘子放回去吧！"

外交官看到丘吉尔也拿了银盘，顿时也不觉得尴尬了，又听到他的提议，忙表示完全赞同。两个人将小银盘又放回了桌子上，看到归还的银盘，女主人露出了轻松的笑容。

事实上，在我们的生活中，经常会遇到一些一时难以处理、难以解决的矛盾和冲突，我们不妨借助"故意的糊涂"，有意识地提醒对方，从而缓和矛盾、化解冲突，以便利用最佳时机解决问题。这种"糊涂"实际上就是"明者远见于未萌，智者避危于无形"，是一种少有的谨慎，也是一种为胜利奠定基础的策略。

智慧箴言

明白和糊涂之间没有严格的界线，当它们彼此达到极致的时候，就会有真的明白和真的糊涂。而当它们彼此靠近的时候，又会出现装明白和装糊涂。在生活中，从糊涂到明白非常难，而要从明白到糊涂却很容易。而当一个人真明白却喜欢装糊涂的时候，那才是明白的最高境界。

为人处世需要傻瓜精神

大智若愚，
大巧若拙。
——谚语

那些拥有大智慧的人，往往都表现得比较愚钝；而那些身手很灵敏的人，却往往表现得比较笨拙。其实，人生中需要这种适当的“傻”，因为“傻”也是一种美德，也是一种智慧。

生活中，适当的“傻瓜精神”是一种豁达、洒脱的表现，表面的“傻”不等于真傻，恰恰相反，这更能彰显人生的成熟、人情的练达。懂得了这一点，我们才能该聪明的时候聪明，该糊涂的时候糊涂，达到完美处世。

在一个心理测试题中，有人提出：如果让你到一座荒无人烟的岛上生活，而且只能带走身边的三样东西，你会带什么？

在诸多的选项之中，被最多人选中的是苹果树、山羊和傻瓜。这个答案中的最后一项让很多人觉得奇怪，为什么不选择一个聪明的人和自己一起到孤岛上去呢？原来，那些做出选择的人认为聪明的人不可靠，因为他们会宰掉山羊、砍倒苹果树，说不定最后在饥寒交迫的时候还会对主人下毒手。而只有选择一个傻瓜和自己同行，他才会和自己一起努力，开辟全新的孤岛生活。

傻瓜受到了大家的欢迎，正是因为他们所具备的精神。傻瓜总能坦然地面对生活中的各种变故，不会为了算计别人而绞尽脑汁，也不会因为不能实现的设想而难过。虽然聪明人的各种算计也不一定是坏事，但它却会造成陷阱，让聪明人陷入其中不能自拔。傻瓜的精神在于不期待奇迹，不会为失去的东西而伤悲，也不会为身边潜在的危险而焦虑，他们只是尽全力去做自己能力范围之内的事，而这种精神最后往往会创造出奇迹。

感动无数人的美国电影《阿甘正传》中的主人翁阿甘，正是傻瓜的代表。

阿甘出生在美国南部的亚拉巴马州，这里有一个小镇叫作绿茵堡。阿甘的父亲在他很小的时候便去世了，依靠母亲的抚养，他才得以长大。从小，大家就将阿甘当作白痴看待，谁也不会料到他将来能干出一番大事业。

虽然从小就不是一个聪明的孩子，但阿甘没有在别人的欺负中颓废，他时刻谨记母亲的教诲——母亲说：人生就像一盒巧克力，你永远都不会猜到接下来的一颗是什么滋味。因为这句话，作为生活弱者的阿甘不断地尝试着，他虽然不能掌控自己的生活，却不放弃生活赐给他的每一颗巧克力，因为他想知道它的滋味。

因为从小就有跑步的技能和天赋，阿甘获得了大学橄榄球队的邀请，他不仅进入了大学，而且还顺利毕业，成了大学里的橄榄球明星。

毕业之后，阿甘又参加了军队，为国家效力。在部队里，阿甘结识了两个好朋友，一个是热衷于捕虾的布巴，一个是神经兮兮的丹中尉。在越南战场上，阿甘和朋友们遭遇敌人的伏击，虽然丹中尉要求他原地待命，但为了解救布巴，他还是冲到了枪林弹雨之中。虽然没能救下布巴，但阿甘的努力还是让布巴感到了欣慰。

在战争结束之后，阿甘决定去实践自己对布巴的许诺，去经营一艘捕虾船。丹中尉认为这是不可能的，还嘲笑他说："你要是可以捕虾，我就是太空人了。"可阿甘却认定了自己的目标，他不断地努力，终于买下了一艘船，成了捕虾船的船长，而丹中尉却成了他的大副。

在爱情上，阿甘一样发扬着傻瓜精神。他从小便爱恋着珍妮，可珍妮却不愿意和他一起过平凡的日子。为了追求刺激，珍妮逃离了阿甘，而阿甘却坚持每天写信给她。珍妮曾经说："你不懂爱情。"而阿甘却说："我虽然不聪明，但我知道什么是爱。"在经历了一次又一次的分离之后，阿甘终于赢得了珍妮的芳心，最终有情人终成眷属。

从阿甘的身上，我们可以看到那种天生的宽容和忍让，这是人类本性之中善良的光辉，而那些自诩为精明的人却失去了它。因为多了一份宽容，所以傻瓜不会去苛求别人，也不会去挑剔生活，如此一来反而更容易发现生活中的幸福，这难道不是生活之中糊涂的智慧吗?

有人曾经这样区分傻瓜和精明人：“那些自以为精明而将别人都当作傻瓜的人，其实才是天底下最傻的人。”从阿甘的故事中，我们看到了他成功的秘诀，正是因为他不在乎常人眼中的得失，所以才让他获得了最终的成功。他的生活是幸福的、快乐的，因为他勇敢追求自己想要的，从来不去在乎别人的歧视，更不会因此而痛苦。在影片的最后，他希望自己的孩子不要和自己一样，说明他知道别人是怎么看自己的，只是他从来不去计较而已。

生活中，每个人都会遇到尴尬的时刻，有些人借助了“阿甘精神”来让自己化解尴尬，而有些人却会斤斤计较，最终痛苦的只有自己。适当地糊涂、适当地吃一些小亏，让自己保持谦让的姿态，才可以让你更好地保护自己，更充分地享受人生。

智慧箴言

李白有诗云：“大贤虎变愚不测，当年颇似寻常人。”正说明了那些具有突出成就的人虽然有着猛虎一样的志向、蛟龙一样的能力，但他们却让人难以预测，总是适当地掩饰着自己的才能。要做到这一点，王是需要极大的智慧。

遇事不要太认真

/
财富可以包装一个人，
修养可以提升一个人，
而糊涂的处世态度能够在危难的时刻保护一个人。
——谚语
/

聪明和自作聪明有着本质上的差别，那些喜欢动辄大发议论的人，生怕别人不知道自己非常有才华，反而让别人看到了他的盲点。而那些真正了解世态的人，遇事总会一笑而过，似乎不理解其中的利害关系。而他们其实心知肚明，只是因其有着豁达的胸襟，才不去介意。

《菜根谭》里这样写道："涉世浅，点染亦浅，历事深，机械亦深，故君子与其练达，不若朴鲁，与其曲谨，不若疏狂。""涉世浅"是指年轻人刚刚出来，入世不深，污染也不深；"历事深"是告诫我们人生经历的事情太多，机械亦深。这个"机械"，就是代表那个有心计的妄想，所谓机关算尽，那些烦恼也越多。所以才有下面的"故君子与其练达，不若朴鲁，与其曲谨，不若疏狂"，意思是我们通常讲的做人、做事都要学会通达，遇事不可太过较真儿，有时适当的"糊涂"反而会带来意想不到的收获。

那些处世过于较真儿的人往往都很固执、做事比较死板，这样的人很容易走进“死胡同”。因此，我们应该变通一下，不要一条路走到黑。俗话说：天下没有过不去的河，也没有解决不了的问题，关键是要懂得“转弯”。

春秋时期，楚王为了表彰大臣们的功绩，开办了太平宴，邀请群臣与自己同乐。这是一场非常欢乐的宴会，朝中的文武大臣都出席了，还有楚王的嫔妃们也纷纷出来侍宴。宴席之上歌舞升平，美酒佳肴让人们流连忘返，不知不觉天色就变暗了。

楚王看到大臣们意犹未尽，便命人点上蜡烛，继续宴会，还叫出了自己最宠爱的两个嫔妃许姬和麦姬，让她们向大臣们敬酒。

忽然，外面刮起了一阵大风，从窗户里直吹进来，屋里的蜡烛一下子就被吹灭了，整个宴会顿时陷入一片黑暗之中。

这时，有个人因为暗中钦羡许姬的美貌，便悄悄拉住了她的手。这个举动让许姬非常气愤，她伸手一把扯断了这个人的帽带，然后哭哭啼啼地跑到楚王面前，将刚才的情形告诉了他，并请求楚王：“我已经扯断了他的帽带，大王只要点起灯，看看谁的帽带是断的，就知道是谁了。”

楚王听许姬说完，并没有立刻发火，反而命令先不要点起蜡烛。他大声地说：“今晚大家都这么高兴，我要和诸位一醉方休。现在就让我们都把帽子摘下来，喝个痛快吧！”

等到蜡烛点起的时候，众人依照楚王的要求都已经摘下了自己的帽子，谁的帽带是断的早就无法分辨了。等到宴会结束，许姬埋怨楚王不该让大家摘下帽子，放过那个轻薄自己的人。而楚王却说："酒后失态是人之常情，要是追究起来只会让宴会变得无趣，这也不是我宴请群臣的目的啊！"

许姬听了，明白了楚王的用意，也理解楚王为什么要装糊涂了。

这个故事虽然只是一件小事，却被后人津津乐道，称之为"绝缨会"。在此事后不久，楚国和郑国发生了战争，有一员猛将总是冲在最前线，立下了汗马功劳。楚王问他为什么要如此拼杀，他才承认自己正是当时在宴会中拉过许姬手的人，正是因为楚王装糊涂不和他计较，才让他感恩戴德，立志效忠。

所以，说话做事可谓是一门大学问，楚王的经历告诉我们，在平日里遇事不可太较真儿，认死理。"水至清则无鱼，人至察则无徒"，太认真了，就会对什么都看不惯，连一个朋友都容不下，自然也会把自己同社会隔绝开来。

不管是工作还是生活，一个拥有宽阔胸怀的人总是更容易得到别人的欢迎。谁都难免犯错，如果遇到一个挑剔苛责的人，势必会揪住别人的错误不放。而一个宽容的人则可以用平和的心态来理解别人，给予适当的鼓励。工作中，那些不能放开怀抱的人时刻都在担心自己犯错，也时刻都在关注别人的错误，不仅让别人失去了耐心，也会失去与同事融洽相处的机会。而一个心态平和的人，则可以直爽地表达自己的意见，对于别人的看法也会以客观理智的态度来看待。这不仅是因其度量够大，同时也可以显示出极高的自身修养。

澳大利亚的约翰·库缇斯是一个残疾人，有人说上帝缔造他的时候，一定用了另外一副模子。他出生的时候只有可乐罐那么大，腿是畸形的，而且没有肛门，躺在观察室奄奄一息。医生断言他不可能活过24小时，建议他的父亲准备后事。

但30多年后，约翰·库缇斯依然健康地活着，而且还经常到世界各地发表演讲。一个天生严重残疾的人，变成了世界上著名的激励大师，他的故事耐人寻味……

约翰·库缇斯出生后，由于个子非常矮小，周围的一切对他来说，都是庞然大物，令他有些恐惧。

“你必须自己面对一切恐惧，勇敢起来。”一天，父亲把小约翰和家中那只狗一起关在后院里便躲开了。过了一会儿，发出了狗的嘶鸣声，父亲惊喜地发现，小约翰正骑在那条狗的背上，像一个骄傲的牛仔。

回忆起那次与狗接触的经历，约翰·库缇斯说，当那条狗恶狠狠地扑过来的时候，我只是揪住它的尾巴，用手指在它屁股上使劲捅，终于制伏了那个讨厌的家伙。“如果你觉得恐惧，那么你就学会去面对它！”父亲给小约翰上了人生第一课。

约翰上学的时候，学校里有很多调皮的学生总是欺负他。有一天，约翰回到家中，想着自己被侮辱的遭遇，号啕大哭起来。他想："为什么只有我的生活这样悲惨，在学校里，我就像一个怪物，我的存在只是让更多的人得到开心取笑的对象。这样的日子活着还有什么意义？"

"永远都不要认为自己很惨，世界上比你更惨的人多的是，他们都还在活着呢！"母亲搂着他、劝慰他，使小约翰又恢复了活下去的信心。

1987年，17岁的约翰·库缇斯决心自食其力。他在经过成百上千次应聘失败后，终于在一家杂货铺找到了自己的第一份工作。他每天凌晨4点30分起床，赶火车到镇上，然后爬上他的滑板，从车站赶到几千米之外的工厂。尽管生活艰辛，但是能够自食其力，约翰勇敢而快乐地生活着。

长大后的约翰成为一名运动健将。他从12岁起，就打室内板球，练习举重和轮椅橄榄球。由于上肢的长期锻炼，他的手臂有着惊人的力量。

1994年，约翰·库缇斯获得澳大利亚残疾人网球赛的冠军；2000年，约翰拿到澳大利亚体育机构的奖学金，并在全国健康举重比赛中获得第二名。约翰还获得了板球、橄榄球的二级教练证书。他用成绩回击了所有的嘲笑和侮辱。

然而，令约翰·库缇斯意想不到的是，自己的人生经历竟然能引起那么大的轰动。

那是在一次午餐会上，约翰应邀做了一个简短的演讲。一个女人跑到台上，哭着说是约翰救了自己的命，因为她觉得自己非常不幸，正准备自杀，听了他的演讲后，她觉得自己应该好好地活下去。

演讲完之后，约翰意识到，讲出自己经历的恐惧和忧伤，讲出自己的挣扎和拼搏，给他人以启迪，真是一件非常重要、非常有意义的事情。

于是，约翰开始了公众演讲。到现在为止，约翰在一百九十多个国家做了八百多场演讲，他用自己的亲身经历，激励和影响了很多人。

世间万物并不是非黑即白，有很多的事物存在于灰色地带，以不同的眼光来看待会有不同的结果。面对灰色区域的人和物，更需要我们多一分理解。心胸开阔、宽容大度的人，遇事总能大事化小、小事化了。因为豁达的人知道，没有多少原则性的大是大非，因此，糊涂一点，人生就会处处充满惊喜。

智慧箴言

较真儿的人往往过于保守，而过于保守的人往往都会限定自己的范围，久而久之变成固执，固执就像黏胶一样，最终自己也会被它粘住，不得解脱。因此，处世不可太较真儿，不如适当糊涂一下，放下心中的固执，开放自己，也使自己的心灵得以拓展。

吃亏是福，不计较得与失

塞翁失马，
焉知非福。

——《淮南子·人间训》

吃亏是福，听起来好像是弱者的自我安慰，可实际上，这句话蕴藏着糊涂处世的大智慧。

你爱吃亏吗？对于这个问题，我想每个人的回答应该都是相同的，那就是“NO”。人生几十年，谁都曾吃过亏，但几乎没有人愿意吃亏。我们经常看到有些人总是与人斤斤计较，处处较劲，为了一点蝇头小利也要与人争得面红耳赤。其实原因很简单，就是他们不想吃亏。

有时我们不妨多想想“吃亏是福”的道理，这对今后的人生会大有裨益。因为，有些东西是你的就跑不掉，不是你的也不必强求。时刻牢记“吃亏是福”才能拥有一颗宽容豁达的心，才能使自己的生活充满阳光。

“打工皇帝”唐骏是年轻人奋斗的榜样，也是一位极其成功的职业经理人。在他没有成为经理人之前，也有一段非常传奇的经历。

在卡拉OK刚刚开始流行的时候，唐骏就敏锐地感觉到这一新事物势必会成为一个风潮。于是他根据卡拉OK的特点设计了一个打分机，在演唱者表演结束的时候，这个设备就会自动根据演唱水平来打分。这一设计让卡拉OK变得更受欢迎。三星公司了解到唐骏的发明之后，提出以8万元来买断这一专利，唐骏欣然答应。

在得到这项专利之后，三星将其广泛地应用在自己的产品中，不过几个月的时间，这一设备就帮助三星的卡拉OK机市场份额提高了十多个百分点。为了提高自身的竞争力，日本先锋公司也提出购买这一专利，但必须从三星公司手中购买，而先锋公司付出的代价是150万，远高于三星付给唐骏的费用。

周围的朋友都认为唐骏吃了亏，如果可以保有这个专利，一定可以赚更多的钱。而唐骏却非常坦然地接受了这一事实，还安慰朋友说："如果没有三星公司的8万块，也就不会有现在的我。正是三星公司教会了我将发明变成商品，让我从一个学者变成一个事业型的人才，这远比得到8万块钱重要。"

和唐骏一样吃过亏的还有软件行业的著名代表人物求伯君，他在呕心沥血地发明了西山打印驱动程序之后，这一程序被四通公司以2000元的价格收购。而四通公司转手却以每一套500元的价格卖出去几百套，获利远超求伯君。

但求伯君也一样没有心存遗憾，反而认为四通公司没有亏待自己。

正是因为四通公司的录用，才让他进入了金山公司，成为WPS软件开发者，进而成为金山公司总裁，让事业获得进一步提升。求伯君说：“更重要的是通过这件事，让我知道了营销是多么重要，这远比获利来得有价值。”

即便是像唐骏和求伯君一样聪明的人，也都会有吃亏的经历，但他们却不认为这是吃亏，相反还都心怀感恩。将吃亏当作是自己的福气，是一种豁达的处世态度，也是一种糊涂的智慧。只有调整好自己的心态，从吃亏中得到更有价值的教训，才能让我们接下来的路走得更稳健。

孟尝君是战国时期著名的四君子之一，凭借着高贵的社会地位和谦和的处世态度，很多士人投奔他，成为他的门客。这其中有一个叫作冯谖的人，也不远万里而来。

孟尝君的封地在薛邑，每年都需要派人去那里收取税收债务。他看到冯谖无所事事，便请他去收租。冯谖就问：“将债务都讨回之后，我应该给您买点什么回来呢？”

孟尝君看了看家里什么都不缺，就非常随意地说：“随便吧！你买点我们家里没有的东西回来就可以。”

冯谖来到了薛邑，看到这里的老百姓生活困苦，而他去收租时百姓也都纷纷抱怨。于是他召集众人，大声宣布：“孟尝君这次派我来，不是收租，而是告诉你们：所有的债务都一笔勾销了。”

众人一听都喜不自禁，纷纷感叹孟尝君仁义，到处都传诵着对孟尝君的赞美。而冯谖空着手回到孟尝君面前，告诉了他自己的所作所为，孟尝君非常不满意。冯谖便说："您让我买家里没有的东西，我看家里所缺的正是'义'，所以我焚券市义，以后您就知道这么做的好处了。"

几年之后，孟尝君在朝廷上失去了势力，不得不回到自己的封地。薛邑的百姓听闻这个消息后，对他夹道欢迎。直到此时，孟尝君才知道自己当初虽然损失了一些钱财，却得到了更多，从此对冯谖刮目相看。

孟尝君当年的"付出"并没有想到日后的"回报"，但等他落难时却发挥出了意想不到的效果。这正是糊涂吃亏的智慧。可见，吃亏也可以是好事。

在第一轮的生肖邮票开始印制的时候，有一个邮票厂的工人受朋友的嘱托，让他帮忙买10版生肖猴票。在20世纪80年代，这样的10版邮票价值56元，这可不是一个小数目。而这位工人的朋友却要求他先代为垫付，等收到邮票的时候再将钱给他。

等到工人自己掏钱买了10版邮票之后，他的那位朋友忽然告诉他：自己不想要那些邮票了。这10版猴票只好落在了工人的手里，他暗自慨叹自己真倒霉，但也没有办法。只好将它们拿回家收了起来。

1991年，邮票市场开始逐渐火爆起来，原来价值5.6元的一版猴票一直飙升到了10万元一版，而当初花了56元买的10版，也就变成了100万。

这个工人喜不自胜。

当初工人不得不将邮票拿回家的时候，他认定自己吃亏了，但后来猴票大涨价的时候，他才知道自己并不是吃亏，反而是得福。可见福祸之间并没有一定的界线，它们可以随时转换。

这个工人的经历告诉我们，朋友相处也应牢记“吃亏是福”的理念。如果只想着占别人的便宜，也许你会得逞一两次，可是，时间久了，谁还会相信你这个朋友？朋友讲究的就是为对方考虑，虽然，“为朋友两肋插刀”是常人难以达到的境界，但凡事多想着点朋友，朋友交往不是一两次，也不是一两天，所以也不能计较是不是吃亏，时间长了，彼此都很了解了，因为偶尔的吃亏，得到一辈子的好友，这难道不是福吗？

在工作之中也时常会出现祸福转换的事，多做一些事情在某些人眼中便是吃亏，而那些肯付出的人则会因为多承担了工作得到更好的锻炼，因为不怕吃亏而获得了更快的成长。当完成了工作，集体获得成长之时，个人的利益也自然会得到满足。最后所收获的依然是“福”。

智慧箴言

“吃亏是福”并不能简单理解，它所说的只是要求大家以平和的心态来对待吃亏，以辩证的态度来分析祸福，而通过这种吃亏提升自己的认识，也自然能够避免在以后吃更多更大的亏，这其实也就是我们说的“福气”了。

忍让克制是良好的修养

/
巧言乱德，
小不忍则乱大谋。
——孔子
/

忍让并不是妥协，更不是屈服和投降。它是一种策略，一种非常务实、通权达变的处世智慧。

忍让是一种道德品质，它能彰显一个人的胸怀，也能显示出一个人内心之中真、善、美的比重。生活之中不可缺少忍让，不管是逆境还是顺境，不管对同事还是对家人，都需要一份忍让的胸怀，学会忍让是人类可以和谐共处的第一要义。

古人说："能屈能伸，方为君子。"但如何做到屈伸自如？如何做到忍让有度呢？这其中所隐含的正是做人艺术之中的"弯曲之道"。人生好比江河，不可能一路狂奔，总要有一些弯弯绕绕，要想在遍布的坎坷之中走出一条坦途，就要学会"弯曲之道"。

有一对夫妇，在经历了多番的互相折磨之后，终于决定分道扬镳。在婚姻即将破裂的时候，他们打算做最后一次旅行，让两个人可以回忆当初恋爱的甜蜜。

当他们旅行到一座由东向西的山谷时，遭遇了一场大雪，前方的道路阻塞，只好暂时先住在山谷的旅馆之中。

这座山谷的南边长满了松树、柏树，树木非常茂盛，而在北坡却只有雪松。夫妻二人看到这番景象，感到非常好奇。当他们欣赏雪景的时候，发现北坡的雪总是比南坡要大很多，不一会儿雪松上面就落了厚厚的一层。但当雪积累到足够厚的时候，雪松富有弹性的树枝就会慢慢地弯曲，将雪从树枝上抖落下来。这个过程不断重复，虽然雪很大，但雪松却没有因此被压断树枝。

再看南坡的那些松柏，它们的树枝过于坚硬，在风雪中无法弯曲，等大雪积累到一定程度，树枝只能被压断。所以它们便只能生存在雪相对小一些的南坡，而无法享受北坡更为充足的阳光与营养。

妻子对丈夫说："在北坡上肯定也曾经长过松柏，但它们却因为不会弯曲，失去了在这里生存的机会。"丈夫点头说："对啊，只有像雪松一样学会弯曲才能卸掉压力，才能获得生存的机会。"

顿了一会儿，丈夫忽然说："我好像明白了一些什么，外界的压力我们必须承受，而在无法承受的时候又必须要学会弯曲，不然就只能被压垮了，这和我们的婚姻是一样的。"

妻子激动地点点头，他们终于找到了挽救婚姻的方法，两个人紧紧地拥抱在一起。

大自然中的树都是如此，何况人类呢？弯曲不是倒下，也不是投降，它是一种忍耐，是一种人生境界，更是一种生存本领。弯曲之中蕴含着深刻的人生哲理，懂得适当弯曲的人并非不是大丈夫，它让人学会忍让，是更为完善的人格，也是对困难的超脱。

生活中出现的诸多矛盾中，很多都是由于不懂得忍让而造成的，即便是一点小事，如果针锋相对也会演变成不共戴天的仇恨，当人们恢复理智，必定会为自己不能忍一时之气而感到后悔。只要稍微学一学忍耐，多一些忍让，许多矛盾都可以烟消云散，只不过是一个非常简单的道理而已。

在公共汽车上保持卫生是每一个人的责任，但一个时髦的男青年却非常不屑地将一口痰吐在了地上。售票员见状便告诫他："为了保持车厢的卫生，请您不要随地吐痰。"

被当众指出吐痰的恶行，这名男青年顿时觉得非常没有面子，他不但没有道歉，反而恼羞成怒，对售票员开始大骂，一边骂，一边又吐了一口痰在地上。

这一行为让车内的其他乘客非常气愤，而那位售票员小姑娘也被气得面色通红，大家都看着她，不知道她会怎么处理这个难缠的乘客。有人大声建议将男青年赶下车，也有人要求将他送到派出所。可是售票员稳定了一下自己的情绪，只是告诉大家要坐稳，一边说，一边从口袋里拿出纸巾，将地上的痰擦掉，将纸巾丢进了垃圾箱。然后，就好像一切都没有发生过似的，回到了自己的座位上。

售票员的忍让使得男青年顿时羞红了脸，大家看着她的一系列动作也变得鸦雀无声，纷纷对她竖起大拇指，赞叹售票员真能忍。

车刚到站，那个尴尬的男青年便急忙跳下车去。下车后，他红着脸对售票员喊了一声：“对不起！”

遭遇别人的辱骂时，对方蛮不讲理，而售票员却做到了忍耐，这一点非常难得。忍耐让女售票员掌握了事情的主动权，她没有和乘客对骂，更没有将他的羞辱放在心上，反而以自己的忍让使得对方相形见绌。当她擦掉痰迹时，也同时让男青年受到了最大的教训。这种以身作则、忍让大度的举动也使得售票员不战而胜。

虽然倡导文明的标语随处可见，但是难免会遇到蛮不讲理的人，和这样的人对峙只能让自己陷入困境，而且还会带来其他意想不到的困难。带给我们的不只是形象的损失，更会让你气愤难平。如果可忍耐一时之气，抑制住自己的脾气，正是对这种人最好的反击。正所谓：忍字心上一把刀，遇事不忍祸必招；如能忍住心中气，过后方知“忍”字高。

智慧箴言

生活中，谁都会遇到不顺心的事，在这种情况下，不能爆竹脾气一点就着，更不能针尖儿对麦芒，你倔他更犟。如果这时候我们能有意识地让自己冷静下来，能忍让时就忍让一下，我们的人生也会得到升华，心情也会随之愉悦起来。

含糊其辞胜过直言不讳

以言伤人者，利于刀斧；
以术害人者，毒于虎狼。
——林逋

平常所说的糊涂，有时候是指那些真的看不明白的人，而有些时候则是那些看明白之后采取迂回表达的人。前者是真的糊涂，而后者则是一种生活智慧，更是一种谋略。

“模糊”不仅可以描述人们生活中的感受，在讲求精确的科学研究中它也得到了广泛的应用。科学中所指的模糊是一种思维，对那些不清楚事物外延的状态，不清楚事物之间关系的状态，都称之为模糊。而在数学研究中便有模糊数学，用来概括那些无法量化考察的现象。模糊思维的特征就是承认思维的模糊性，它遵循“亦此亦彼”的模糊逻辑，突破传统逻辑“是就是，不是就不是”的界限，为人们解决模糊事物中间的问题开拓了广阔天地。

清朝时期，嘉庆皇帝登基后，开始着手对前代的一些遗留问题进行清理，在这期间，他准备破格提拔几位曾为前朝做过贡献却被奸臣排挤、打击的官员。但破格提拔官员的事在清朝历代尚无先例，消息传出来后，群臣反应不一。嘉庆帝一时也拿不定主意，便专门去请教老臣纪晓岚。

纪晓岚沉吟良久，说："陛下，老臣承蒙先帝器重，做官已数十年。从政以来，从未有人敢以重金贿赂我，我也不收厚礼，什么原因呢？这是因为我从不谋私、贪财。但有一样例外，若是亲友有丧，来请老臣为之点主，或做墓志铭，为此他们所馈赠的礼金，老臣是从不会拒绝的。"

嘉庆帝听完纪晓岚的一番话有些摸不着头脑，感到莫名其妙，仔细想了想，才连忙点头称是。回去以后，嘉庆帝下定破格提拔这批官员的决心。

在生活中很多事情无法严格界定，在政治中这种现象尤为突出。纪晓岚对于嘉庆帝的建议正是基于这一点，当他号称自己不收取别人的金钱时，却又提出了有时候收取礼金，因为他要成全老臣后代的孝心，所以收取礼金为他们撰写墓志铭。这一模糊处世让嘉庆帝明白了在提拔官员的过程中也有很多模糊地带，并不是一味地要按照规定办事。

纪晓岚为什么不明确地提出自己对于官员提拔的建议，也正是因为他有需要模糊的地方。嘉庆帝的举措是否正确，还有待证明；而且他深知皇帝是一个非常有主见的人，如果自己明确提出建议，则有教导的嫌疑，势必引起他的不满。因此，采用模糊建议的方法不仅可以表明纪晓岚的态度，还可以让自己留有余地，同时也让嘉庆帝的面子得到保全，可谓面面俱到。

其实糊涂与清醒，只隔着薄薄的一层纸。有人大概又要问，到底是糊涂一些好呢，还是清醒好呢？一般的答案一定是后者，可也有人提倡前者。

那些本身就糊涂的人，不用任何思考就表现得很糊涂了。而那些具备聪明才智的人，内心之中可以看清一切事物的本质，却还要装作非常糊涂，则是一件不容易的事。要做到这一点，就要有高出常人的智慧，这和中国古代的思想家老子所提倡的“大智若愚”正是一个道理。

在三国时期，群雄并起，最后得到成功的却是老谋深算的司马懿。他正是一个非常聪明却喜欢装糊涂的人。

司马懿的功绩表非常辉煌：他斗败了聪明绝顶的诸葛亮，在五丈原以大智若愚的态度拖垮了蜀军……这些可以算是他一生最值得骄傲的事了。因出色的战功，他在朝廷上也获得了至高的荣誉，这让皇帝和很多同僚都开始不满，对他充满了猜忌。

面对众人对他的猜忌，司马懿又拿出了他的看家本领，装起了糊涂。他以重病为由，长期在家休养，不愿意参与朝廷的大事，以免引来别人的妒忌。这个举动让很多人以为司马懿已经命不久矣，但对手还是不放心，派人到他家里察看虚实。

前来探访司马懿的人以慰问为由登门，司马懿便就势装糊涂，他假装自己已经到了日薄西山的境地，似乎病入膏肓，马上就要不久于人世了，别人也被他蒙蔽，将这个消息散布出去，让司马懿的敌人放松了警惕。

获得宝贵时机的司马懿在暗中不断扩充着自己的力量，网罗了不少亲信，也让他的两个儿子得到了军事大权。在充足的准备之后，司马懿发动“高平陵之变”，魏国的军政大权也瞬间被司马家族掌控。

装糊涂可以成就一个人一生的伟业，司马懿的举措值得很多政治家学习，也对我们每个人都有借鉴作用。通过装糊涂来保全自己，是对一个人智慧的考验，它可为你带来许多意想不到的收获，只要做到“清楚”与“糊涂”的灵活转换，又何愁不能获得成功呢！

智慧箴言

内心本来是“清清楚楚”的，却为了适应实际的需要，在外人面前表现出“含含糊糊”的姿态，也许更加有助于达到“圆通”的境界，这也是一种人生智慧。

豁达胸怀，一笑而过

忍一时风平浪静，
退一步海阔天空。

——《增广贤文》

在春秋战国时期，魏国和楚国是两个相邻的国家，在边界上，双方都设立了界亭，用以守卫边疆。

界亭的亭卒为了补贴生活，都种植一些农作物，其中以西瓜种得最多。魏国的亭卒非常勤劳，对西瓜照料得非常好。而楚国的亭卒则比较懒惰，没过多久西瓜就变得萎靡枯黄。

眼看着魏国的西瓜比楚国的长势要好，楚国的亭卒心里非常不是滋味，他们没有反思自己的不足，反而充满了嫉妒。于是，趁着夜色的掩蔽，他们在一个夜晚悄悄跑过国界，来到魏国的瓜田，将他们的西瓜秧全都扯断。

魏国的亭卒第二天早上来到西瓜田里，看到眼前一片狼藉，苦心种植的西瓜都被破坏，一个个非常气愤，便将此事报告给县令宋就，并提出报复对方。

宋就听了这件事，安抚亭卒说：“楚国的人虽然卑鄙，但我们要是和他们一样去扯断瓜秧，岂不是和他们一样了？他们既然做得不对，我们为什么还要跟着学呢！”大家见宋就这么说，便问他有什么好的办法，宋就说：“既然他们妒忌我们的瓜秧长势好，那我们就帮助他们也将西瓜种好。以后每天浇水的时候，也顺便给楚国的瓜秧浇一些，让他们的西瓜长势变好，他们就不会妒忌我们了。”

按照宋就的要求，魏国的亭卒每天都顺便给楚国的西瓜浇水，楚国的亭卒也发现自己家的西瓜长势越来越好。他们跑去一看，发现是魏国人在给楚国的田里浇水，便将这件事汇报给了楚国的县令。县令听了，感到非常惭愧，于是将这件事告诉了楚王，楚王非常感动，于是送了礼物给魏国的国王，对自己国家亭卒的行为表示道歉。

因为宋就以德报怨的举措，使魏国和楚国这两个邻居变得空前和睦，百姓的生活也变得安稳了许多。

正是因为有了豁达的心胸和能够忍耐的气度，楚、魏两国才能和睦相处。不仅是国家之间的交往，日常生活中也非常需要宽容和谅解，当我们面对别人的过失时，多一分气量，少一些苛责，以宽宏大度来取代狭窄的心胸，用一些小小的让步就可以换来别人对你更多的尊重，从而化敌为友。

还有这样一部分人，他们总是患得患失，看不到自己得到了什么，反而担心自己会失去什么。在他们的心中，见不了别人的得，也见不了自己的失，故而总是心胸狭隘，烦恼多多。还有些人，则不以物喜，不以己悲，故心胸豁达坦荡，烦恼全无。

东汉时期，朝廷在京城设立了最高学府，让全国的鸿儒都聚集在一起讲学。每到过年的时候，皇帝都会对这些学府里的学者进行一些奖励。

这一年，学府之中张灯结彩，大家都满怀欣喜地迎接新年。皇帝又派人送来了新一年的奖励，可是接过诏书的时候，大家却犯愁了。因为这一年皇帝所赏赐的东西与往年不同，不是金银财宝，而是一群羊。这原本是好事，但羊有肥瘦之分，要是每人一只，势必会有人分到瘦羊，觉得自己吃亏。

看着那些大小不一的羊，学者们开始议论起来，有人主张将这些羊统一宰杀，再按照肉的分量来分配，这样就公平了。但有人提出反对，认为这样太麻烦，不知道什么时候才能拿到肉回家。七嘴八舌地讨论半天，也没有得出什么结论，人人都不希望自己是吃亏的那个人。

正当大家为难的时候，一个叫作甄宇的博士站起来说："其实非常简单，我们每个人牵一只回去不就好了吗？既然大家都谦让，那我就先来牵吧！"

众人听甄宇这么说，纷纷猜测：他要先去牵羊，肯定是挑一只最肥的牵走。可是甄宇却直奔最瘦的那一只，坦然地牵起就走。大家看到这一幕都感到非常惭愧，再也不好意思争来争去，反而开始谦让起来，最后每个人都牵了一只自己满意的羊回家了。此事之后，大家都感慨甄宇的高风亮节，这种勇于吃亏的精神让他获得了大家的赞扬，还给他起了一个绰号，叫作“瘦羊博士”。

人们之所以时常被烦恼所困扰，正是因为那些不能得到的利益让他们纠结。整天为了一些细微的得失而闷闷不乐是最不明智的人生态度，君子可以过得快乐幸福，是因为他们内心坦荡，不为蝇头小利而牵扯自己的心思，烦恼也就自然远离了他们。如果过于计较得失，人的聪明才智就会集中在小算盘上，让人变得没有远见，整天算计着自己可以得到什么，又哪儿有心思去筹划更为高远的事业呢？

患得患失的人最看重名利，烦恼自然也就最多，他们在为自己攫取利益的同时也在失去别人的尊重与信任，久而久之便会成为社会的孤岛，再难获得别人的真心对待。要想做一个快乐的人，就要放开心胸，对得失一笑而过。

智慧箴言

懂得适时放手的人总是乐观的，豁达的心态让他们可以从失去之中找到更多启迪，自然也会以愉悦的心情面对得失。而那些不懂得放手的人，总是希望可以更紧地抓住自己的利益，为了获得额外的好处而焦头烂额，但他们最终能得到的很有限，而失去的却是自己快乐的心情和幸福的生活。

从糊涂中获取更多快乐

在一切言语甚至最普通的言语之中，
都有着某种歌唱的韵味。

——卡莱尔

糊涂可以成为快乐的源泉，它好像微风吹走烦恼，好像细雨洗刷忧愁。糊涂的人可以看到生活中的快乐，看不到那些哀伤，因为糊涂已经将不愉快都过滤掉了，剩下的自然就是无限的欣喜。

某公司的小王和男朋友相恋已有五年了，今年他们马上就要结婚了。可最近小王一直愁眉不展，心事重重。按说马上就要做新娘了，应该很快乐才对呀，可小王为什么会这样呢？经过打听大家才知道，原来小王因为和男朋友买房子的事闹起了别扭。小王坚决要求把她的名字也写进房产证里，可这个想法立即遭到男朋友及其父母的反对，理由是购买这套房子的钱全都是男方出的。当然小王也有自己的理由，她说："既然他爱我，就应该在房产证上写上我的名字。"

听完小王这番话，同事们纷纷劝她想开点，反正结婚以后就是一家人了，何必在意房产证上写谁的名字呢？小王却非常固执，她睁大眼睛说："你们怎么这么糊涂？要是将来我们离了婚，房产证上有我的名字，至少我在分割财产上不会被动。"不得不说，小王确实是个精明人，但她这种精明最多只能算是小聪明，而且这种精明也换不回快乐。

而小王的同事小李则是另一种情况。小李当初和她男朋友买房时根本就没有考虑这些，她男朋友也是对房产证上写谁的名字感觉无所谓。后来房子以小李男友的名义买下了，她和男友就着手开始装修房子了。装修、买家具电器、办婚礼……整个过程忙碌而快乐。小李说，那是她一生中最幸福的一段时光。

所以说，无论在工作还是生活中，都应该适时地装糊涂，对待一些事不可太过较真儿，那样的话只能是自讨没趣。有人总结说，有时候一句太过精明的话会使别人或自己陷入困境，而一个装糊涂的计策很可能挽救一个人的生命。所以说，做人不必太精明，一时糊涂也是人生的一种境界和心态。

武则天是中国历史上唯一的女皇，为了得到权力，她经历了非常惨烈的政治斗争。朝廷上反对她当政的人很多，为了让权力可以更加稳固，武则天不得不对他们进行了镇压。在建立新朝之后，人才的短缺也成为一个巨大的现实问题。原来效忠于李唐王朝的大臣，很多人不愿意为武则天做事，她只好重新搜罗人才。在这一过程中，很多门第出身不高、资格也浅的人才脱颖而出，成为武则天的左膀右臂，其中最为著名的便是狄仁杰。

狄仁杰曾经担任过豫州刺史，他当政期间不仅秉持着公平的办事原则，而且执法相当严明，豫州因为狄仁杰的管理而变得井井有条，百姓也安居乐业。武则天听说了他的才能，便立刻提拔狄仁杰到京城，并授予他宰相的职权。

有一次，武则天召见狄仁杰，向他提出一个奇怪的问题，她问："你在豫州的时候虽然有很好的政绩，但是也有不足的地方，现在就有个人在我面前说你的不是，你想不想知道这个人是谁？"狄仁杰听了，笑着说："我不是一个圣人，自然有缺点，别人说我的不是，也是应该的，我所能做的就是改正。如果他说的不对，那是我的幸运；如果他说的对，陛下就可以听取意见惩罚我。至于是谁在背后说我，我不想知道。"

武则天对于狄仁杰的回答非常满意，从此更加信任他，不管小事大事都要征询他的意见。对于狄仁杰这种甘愿装糊涂的做法，武则天也非常赞赏，因为她知道查明是谁诬陷其实并无一点用处，只会让自己烦恼，倒不如坦荡一些，让自己保持愉快的心情更重要。狄仁杰能够在武则天面前做出这样的回答，可见他是一个真正的聪明人。他的回答既恭维了武则天，也免去了自己很多不必要的麻烦。这足以证明适时装糊涂的重要性。我们也可以从这个故事中悟出一些道理，那就是，某些时候糊涂才是解决问题的最好方法。在问题迎刃而解之后，我们也会从中收获更多的快乐。

小张大学毕业后就去广东下海打拼了，一晃十年时光过去了，如今她已经成为一家百人私企的女老板。

小张每天早出晚归，在公司里事必躬亲，兢兢业业。一天她邀老同学小刘出来喝咖啡，在回忆过去时，小张大倒苦水。她说虽然自己身价千万，可感觉一点都不快乐，公司里大事小情都要她操心，员工的懈怠、公司运营成本的增加、人事的调整都让她不胜其烦。小刘笑着对她说："既然你是老板，只要把握好公司发展的大方向就好了。公司具体运营中的烦心事，你不妨睁一只眼闭一只眼装糊涂，把这些琐事都交给部门经理去摆平。"小张听完之后点了点头。又过了几个月，再见到小张时，她脸上绽开了笑容，如沐春风。"我现在管得少了，好多时候装糊涂，公司的发展却还不错，自己每天上班都很快乐。"小张高兴地说。

幸福和悲伤总是同行，快乐和烦恼也是伙伴，要想让你的生活多一些幸福和快乐，少一些悲伤和烦恼，完全取决于你怎么看待自己的生活。一些恰当的糊涂可以让人们更快地获得幸福，因为它可以帮助你避开那些烦恼，自然也就多了很多快乐。

智慧箴言

拥有快乐是每个人的梦想，当然我们获得快乐的途径也有很多种，从糊涂中获得快乐就是其中之一。每件事情都斤斤计较的人不可能快乐，因为他把太多的心思用在算计别人身上。而很多人的例子也告诉我们，凡事不必太认真，人生也需要一时糊涂，只有认识到这一点，才能在生活和工作中得到更多的快乐。

第七章

打破常规，独辟蹊径

人生中总会遇到各种各样的问题。面对问题时，有人选择了逃避，而有人选择了面对，当然失败与成功也随之有了归属。那些优秀的成功人士从来不为自己找借口，也从不逃避问题，他们总是把问题当成一种机会和挑战，最终他们成了成功者。所以，当我们遇到问题的时候，要敢于打破常规，坦然面对，并且学会积极地转换思路，寻求问题的解决方法，唯有如此，成功才能触手可及。

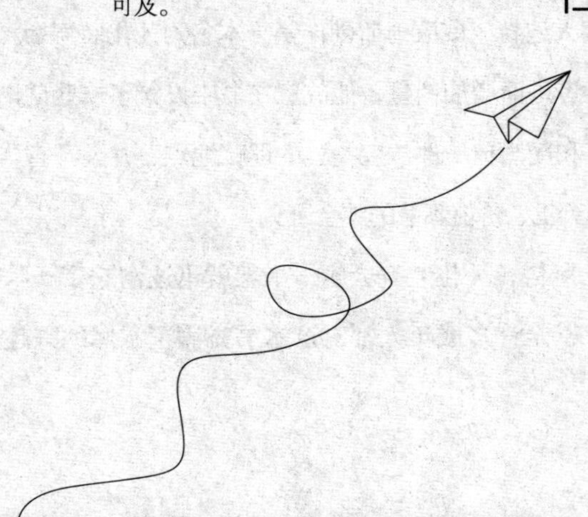

培养自己的创新思维

/
创造力是每个人都有可能发展的一种能力。
把创造力限制在少数科学家、
文学家和艺术家的多产创作上是一种陈腐的观念。
……
创造性是每一个人作为人类的一员都具有天赋潜能，
它和心理健康的发展密切相关，
在心理健康发展的条件下，
人人都可以表现出创造性。

——马斯洛
/

进行创新并不是一件非常难的事情，只要我们能够改变过去的一些固有模式，推出一种令人耳目一新的、之前没有过的东西，这就是创新。

英国人迪特·威廉姆斯创作了一本名为《化装舞会》的儿童读物，为了吸引读者进而增加销量，他故意在书中设置了一些谜语，让读者根据书中的文字和图画猜一件“宝物”的埋藏地点，并公开宣告这件“宝物”是一只巧夺天工、价值不菲的纯金野兔。

不出所料，《化装舞会》一上架就迅速刮起了一阵旋风，数以万计的青少年甚至许多成年人都对这本书充满了浓厚的兴趣。他们按照自己在书中得到的启示，遍布英国各地四处寻宝，有的人甚至坚持了长达两年之久。最后，一位白发苍苍的工程师在伦敦西北的浅德福希尔村找到了这只金兔，一场声势浩大的寻宝活动才宣告完美落幕。也正是因为宝物和这种独特的寻宝方式的吸引，《化装舞会》的销量突破了300万册，创下了非主流读物的最高销售纪录。

四年之后，威廉姆斯故技重演。他夜以继日地精心策划了一本30页的小册子，描述的是一位养蜂人与四季变化的故事，书中附有16幅彩色插图。深奥的谜语就隐藏在书的字里行间与幻想式的彩色插图中，而谜底则是这本书的名字。1984年5月25日，这本独特著作在7个国家同时发行。威廉姆斯承诺：只要有人猜中了书名，不分国籍、肤色、性别、年龄，都可以得到一个镶着各色宝石的金蜂王饰物。

读者们把猜到的书名运用绘画、雕塑、歌曲，甚至编入电脑程序的形式表现出来。威廉姆斯从读者寄来的各种东西中领悟读者所要表达的信息，并将其转译成文字。虽然谜底并不难，但是只有最富想象力的读者才能得到那件精美的饰物。届时，他将从一个密封的匣子中取出那唯一一本印有名字的书，而书中就藏着那件珍贵的金蜂王饰物。这是种多么浪漫的作者与读者之间的沟通啊！

结果，不到一年的时间，这本小册子全球发行总数就超过了2000万册。最终是谁得到了奖品已经不得而知，但是我们知道的是最大的赢家非威廉姆斯本人莫属，他正是通过那极具诱惑力与新奇感的创意而扬名于世，并让自己一跃而成为大富豪。

好的创意总是会有出人意料的效果。创意的价值所在，其实也是智慧价值的体现。聪明的人未必有创意，但有创意的人一定是聪明的。创意所拥有、所能制造出的价值是无限的，一个好的创意，往往能使我们在通往成功的路上开辟出一条捷径。

当然我们要做一件事情，如果你是偶然做好的，人们只会说你非常幸运；但是如果你是有计划、有步骤做成的，人们便会说你具有创新意识，有创造性。就拿我们非常熟悉的麦当劳来说吧，它的“产品”其实并没有发明什么新的东西，而且它所生产的“产品”也许在以前任何一家普普通通的小餐馆都可以制作，但是麦当劳连锁店的创始人克洛克却巧妙地运用了文化概念和管理技术，使这些所谓的“产品”有了一个统一的标准，而且还设计出生产的流程和加工工具，制定了各个阶段详细的工作标准，这样就大大提高了资源的使用效率，并以“质量、清洁、服务和价值”这样一丝不苟的企业文化准则和经营观念，开始不断进行市场的开拓，接纳和吸收了越来越多的新顾客，这其实就是创新精神。

还有一家建筑公司，在为一栋新楼安装电线的时候，他们的做法更是堪称有创新性。

在一个建筑工地上，工人们聚集在一起，因为有一个难题几乎难倒了所有的人。这些工人要将一根电线穿过一根足足20米长的管道，这本是他们熟悉的工作，但难度却在于：这个管道的直径只有3厘米，非常细小。更可怕的是，管道被埋在砖石堆里，人们不能随时监控电线的走向，而在管道的中间，还有六个不规则的弯曲。在没有任何仪器的情况之下，电线塞进管道之后会怎么走都无法预测，更何况还要让它拐弯呢！大家绞尽脑汁，却又无计可施。正准备放弃的时候，有一个装修工忽然站出来说："我有一个办法！"

原来，装修工想到了一个利用白老鼠来牵引的好法子。他从市场买了雌、雄两只白老鼠，将电线绑在了雄老鼠的身上，再将雌老鼠放在管道的另一头，让它发出吱吱的叫声。在管子这一端的雄老鼠听到了雌老鼠的叫声，顺着管道一直跑了过来，而绑在它身上的电线也从管道里穿了过去。一个难题就这么轻易地被解决了，大家纷纷竖起大拇指，夸这个装修工聪明。

清华大学的一位著名心理学家给那些期望拥有创造性思维的人提供了一些具体的途径和办法：

首先，自己要努力去选择并勇敢地尝试一些新的事物，哪怕你是一个非常守旧的人。比如，我们可以尽力去结识一些新的朋友，让自己多置身于一些新的环境中，多去尝试一些新的工作，还可以邀请一些与你的观点不同、性格不太一样的朋友到家里来做客。当然，你还可以多和一些你不太熟悉的人交谈，而少和你熟悉的朋友交谈，这样有助你的思维开拓。

其次，不要再费尽心思去为你所做的每一件事找任何借口，当别人问你这件事情你为什么要这么做，不那样做的时候，你并不是非要说出一个让别人感到可信的理由，从而让别人感到满意，因为决定做任何事情的理由很简单，就是你自己想这样去做。最后，就是要敢于去冒点风险，因为冒险可以让你摆脱这种日复一日的单调生活。比如说，你上班的时候，不一定非得要乘坐同一种交通工具；还有就是每天早餐不一定总是吃同样的东西，等等。

不管怎么样，请你一定要记住，不要轻易接受“一般人所认为的事情是不可能被改变的”这样的看法，因为在你自己没有亲自去尝试之前，不要轻易地说出“不可能”。当然，如果你去尝试了，并且是以一种坚韧的态度来面对困难和挫折的，那么你很有可能会出人意料的成功。

智慧箴言

只需要我们根据环境的变化来调整自己的思维，用激情来发动联想能力，就可以展示出自己独有的创新意识。要想培养出创新能力，从丰富的生活中寻找激发，也是非常有效的途径。

拥有野心，方可突围

雄心未竟即是野心，
野心已达便为雄心。

——高尔基

野心是奇迹的萌发点，也是永恒的特效药；成功者和失败者之间最大的不同，并不是天赋和才能，而是野心。

法国有一位著名的媒体大亨叫巴拉昂，他一生之中获得了无数的财富，人们一直都在追问他的秘诀。在他死后，法国《科西嘉人报》上刊登了他的遗嘱，他对大家说："我是从一个贫穷的人成长为富人的，在进入天堂之前，我很愿意将自己成为富人的秘诀告诉大家。这个秘诀已经被放在银行的保险箱里，如果有人可以猜中我所认为的穷人最缺少的东西，他就可以从我的资产中获得一部分奖励。"

这条消息刊登之后，很多人都猜测着巴拉昂的想法，不知道他认为穷人最缺少的是什么。有人说，穷人最缺钱，而有人说穷人最缺机会，还有人认为，穷人缺少社会的关爱和帮助，也有人说，穷人缺少的是可以让自己致富的技能。

在巴拉昂逝世一周年的时候，他的律师和代理人在公证部门的监督下公布了他的答案，并且从四万多份来信中找到了给出和巴拉昂一样答案的人，那是一个只有9岁的小女孩，叫蒂娜。

蒂娜认为穷人最缺少的是成为富人的野心，而在巴拉昂的保险箱里锁着的答案也正是这个。记者非常好奇：为什么一个9岁的小女孩可以猜中巴拉昂的答案？对于这个问题，蒂娜说："我认为一个人只要有了野心，就可以获得他想要得到的任何东西。"

巴拉昂的谜底和蒂娜的猜测都出现在了报纸上，法国人为之深深震动，都在慨叹巴拉昂的秘诀。那些获得巨大成功的人都纷纷表示赞同，认为野心真的是奇迹的发祥地，那些贫穷的人之所以不能成为富人，正是因为他们缺少野心。

在巴拉昂的注解中，野心不是指争权夺利，更不是政治家的抱负。

他所说的野心是一个人改变现状不断超越自己的信心，以及让自己不断追寻和实现梦想的决心。人穷不能志短，安于现状，只能一事无成。只有心比天高，立志干一番大事业的人，才能实现心中的梦想。

普拉格曼是美国著名的小说家，但是他却只有高中学历，确切地说连高中都没有读完。

在他的长篇小说授奖典礼上，有位记者问道："你事业成功最关键的转折点是什么？”

大家可能都会认为他会回答是童年时母亲的教育，或者少年时老师的栽培，但他的回答却出乎所有人的意料：“是第二次世界大战期间在海军服军役的那段生活。”

“我在一次夜间行动中受了伤，舰长下令由一位海军下士驾驶一只小船趁着夜色把我送到岸上进行治疗。但很不幸的是，小船在海上迷失了方向。那位掌舵的下士惊慌失措，甚至想掏枪自杀。我劝他说：‘你不要开枪。虽然我们在危机四伏的夜里漂荡了四个多小时，孤立无援，而且我还受了很重的伤，不过，我们还是应该有耐心。’虽然我一直在鼓励那位下士，我却也是一点信心都没有。但还没等我把话说完，突然前方岸上射向敌机的高射炮的爆炸火光将天空照亮了，我们可以借助这个亮光清晰地看到我们的小船距离岸边不过只有三海里远。”

普拉格曼说：“那一夜的经历我永远都不会忘记，这件事使我认识到，生活中的很多事情都是不可更改和不可逆转的，在大多数情况下，这些都只是我们的错觉，也正是这些不可更改和不可逆转的现实将我们的生命紧紧地‘围’住了。一个人应该永远对生活抱有信心，永不失望。即使在最黑暗、最危险的时候，也要相信光明就在前头。”

第二次世界大战结束后，普拉格曼立志成为一位作家。在刚开始写小说的时候，他接到过无数次的退稿，熟悉的人也都说他没有这方面的天分。

但每当普拉格曼想要放弃的时候，他就会想起那天晚上，于是又鼓起勇气，一次次突破生活中各种各样的“围”，最终成为一位出色的小说家。

由于生活的长期积累，我们每个人都会有一些定势思维，总是认为某些事超出了习惯就是不应该的。但事实上，要想让一个人的能力得到最大限度的发挥，就必须跳出原有的圈子，用全新的眼光和思维来面对这个世界。敢于突破的人，才能得到真正的机遇。

智慧箴言

我们的生活就像被大海包围的一座小岛，由于已经习惯了岛上的生活，人们不再去想外面的世界，而这也让我们的生活永远局限在岛上。要想让生活得到改变，就要跳出小岛的限制，具备突围的精神，只有这样才能走别人未曾走过的成功路。

创造更多的附加值

无可否认，
创造力的运用、自由的创造活动，
是人的真正的功能；
人的创造活动，
是人的真正的功能；
人在创造中找到他的真正幸福，
证明了这一点。
——阿诺德

“附加值”本是一个经济学的概念，它所代表的是在产品原有的价值基础上所衍生出来的新的价值，这些价值通过生产过程中的有效劳动而产生，让产品的价值得到了提升。其实在我们的生活中，也有很多的人生附加值，我们也要学会为自己的人生创造出更多的附加值，只有这样，我们的价值才会得到最大限度的发挥和体现。

在竞争激烈的招聘活动中，一个计算机专业的毕业生获得了最后的面试机会，在他和另外一名竞争者之间会产生最后的胜出者。

电脑公司的人力部门审阅了大学生的简历之后对他说：“你的专业符合我们的要求，现在有一个人和你具有一样的条件，而我们却只能录用一名。因此，我们想知道你还有没有其他可以超越别人的地方？”

面对这个诚恳的问题，大学生非常迅速地回答说：“我的书法很不错，还得过奖。”

人事经理客气地说：“我们是电脑公司，书法在这里没有实用价值。”

就是因为没有竞争力的附加值，这个大学生和工作失之交臂。当“实用”成为评判人才的标准时，强调“附加”的价值，就成为比别人拥有多一份“竞争力”的利器。

有一个非常资深的机长，他在航空公司服务的十多年里一直坚持着一个习惯：每次在起飞的时候，他都会主动地审阅乘客名单，并且从中选择几名乘客作为幸运者，送去写有祝福的感谢卡。机长通过这种方式来赢得乘客的信任，也让航空公司的服务质量得到了最大程度的嘉奖。

另一位超级市场的收银员喜欢“每日一思”这种具有励志作用的小句子，他将自己的“每日一思”输入电脑，印成纸笺，作为赠言放入客人的购物袋中。后来，许多顾客都特别前来光顾，并且等在他的柜台前结账，生意好到排长龙的地步。

爱因斯坦在《教育论》中说：“一个人的价值，应当看他贡献什么，而不应当看他取得什么。”贡献并不是号召大家都拿出自己的所有，而是鼓励大家寻找自己人生的最高价值，让自己的附加值得到最大限度的挖掘，因为附加值可以成为人才增值的闪光点。一个人要想获得更多的附加值，就需要在平时的生活中多加积累，需要不断地学习和锻炼，让自己在专业知识之外，还可以得到其他方面的提升。附加值也许不能很快表现出它的功用，但在未来一定会为你的成长起到助力的作用。

一个年轻人到杜兰特的公司工作，晋升很快，令所有认识他的人都惊诧不已。

一天，年轻人的一位知心朋友十分好奇地询问他晋升的秘诀。

年轻人无所谓地笑了笑，回答道：“这很简单，我上班后就发现，杜兰特先生经常在下班以后还没有回家，还要在办公室工作，而且一直工作到很晚。另外，我发现，杜兰特先生在下班以后经常要寻找一个人替他拿文件，或者是做些其他的事情。于是，我就下定决心，下班以后，我也不回家，就待在办公室。虽然没有人让我这么做，也没有人给我加班费，但是我认为这样做是值得的，因为我可以为杜兰特先生提供帮助。就这样，时间久了，杜兰特先生养成了习惯，一有事情便叫我。”

“那你是什么时候开始提升的？”朋友又问。

“哦，是这样，半年后，我很想了解杜兰特总裁对我的评价，我就大着胆子给杜兰特先生写了封信，虽然我觉得事务繁忙的杜兰特总裁可能不会理睬，但我还是决定给总裁写这封信。”

“你为什么要给总裁写信，你写的是什么信啊？”朋友追问。

“我在信中给总裁提了几个问题和建议，同时，我在信的最后也问了杜兰特总裁一个最重要的问题。”

“快告诉我，你问的什么问题？”朋友迫不及待地问。

“在信中，我问杜兰特总裁，我能否在更重要的位置上干更重要的工作。”

“呵呵，你胆子可真够大的。”朋友笑着说。

“可是你知道吗，总裁回信了，他没有回答我其他问题，只对我最后问的问题做了批示：‘刚好公司决定建一个新厂，你去负责监督新厂的机器安装吧。但你要有不升迁也不加薪的准备。’随同那封回信，还有总裁给我的一张施工图纸。”年轻人说。

“你没有经过这方面工作的任何训练，却要在短时间内完成任务，这是非常困难的，你是怎么做的？”

那年轻人答道：“我也知道这一点，但我清楚，这是杜兰特先生在考验我。对我来说，这是一个千载难逢的机遇，我如果因为困难而退缩，那么幸运可能永远也不会再降临到我身上的。所以我就拼命地研究图纸，向其他有关人员请教、学习，并和他们一起工作，进行分析研究。后来，我们的工作开展得很顺利，并提前完成了杜兰特总裁交给我的任务。”

“哦，原来是这样，你提前完成了工作任务。你老板是不是当着全公司人员的面表扬了你啊？”朋友兴奋地说。

“没有，他没有当着任何人的面表扬我，他甚至连面都没和我见。”年轻人说。

“为什么？”朋友问。

“他只是让一位工作人员交给我一封信。杜兰特总裁在信中说：‘当你看到这封信时，也是我祝贺你升任新厂总经理的时候。同时，你的年薪比原来提高10倍。据我所知你是不能看懂这图纸的，但是我想看看你会怎样处理，是临阵退缩还是迎难而上，结果我发现，你不仅具有快速接受新知识的能力，还有出色的领导才能。当你在信中向我要求更重要的职位和更高的薪水时，我便发现你与众不同，这点颇令我欣赏。对于一般人来说，可能想都不会想这样的事，或者只是想想，但没有勇气去做，而你做了。新公司建成了，我想物色一个总经理。我相信，你是最好的人选，祝你好运。’”

“哈哈，你这家伙真有一套，我很佩服你。你是用勇气和勤奋为自己赢得了未来。”朋友最后若有所思地说。

勇气加勤奋，为自己赢得附加值，这便是成功的秘诀。若要真正印证自己的价值，让自己的人生不断增值，唯有把自己的价值贡献在别人需要的地方。

智慧箴言

我们总是讲要突破、要创新，而这样做的目的是为了给我们带来更多的价值，所以我们要把创新和突破用在有意义的地方，能够给人类带来贡献，不然所谓的创新和突破也是没有任何意义的。

要从不同方向找出路

条条大路通罗马。

——谚语

一样的问题，如果我们看待的角度不同，那么解决问题的方法也会截然不同。当你遇到挫折、身处困境而感到绝望的时候，你不妨跳出问题的本身，换个角度来思考一下，这样你就会发现，问题其实根本不是你所想象的那么糟，还是有很多好的时机可以转化。

以绝对的黑白来论是非并不是聪明的做法，因为在黑白之间的灰色地带包含了太多的可能性。

一个人看到的世界是什么模样，很大程度上取决于他所选择的角度，就算是遇到了困难，如果可以从积极的方向去解读，也可以得到意想不到的效果。

有一位老太太，寡居多年，只有两个女儿相依为命。女儿们为了生计，做起了小本生意，大女儿卖起了雨伞，小女儿则卖起了草帽。虽然生活一天天变好了，但老太太却整日忧心，连精神都大不如从前。有个邻人见了，就问她为何如此。

老太太说：“晴天的时候，我担心大女儿的雨伞卖不出去；但是下雨的时候，我又担心小女儿的草帽卖不出去。”

邻人听了之后，对老太太说：“您老这是白操心了，您看，晴天的时候您的小女儿生意就更好了；而下雨的时候，大女儿就顾客盈门，您还担心什么呢！”老太太一听，恍然大悟，知道自己杞人忧天了。

在大多数情况下，我们所有的痛苦和烦恼都是我们自己找的。有的时候我们不妨不要去想太多，能够换个角度来思考问题，这样也许会发现我们面前是一条条宽阔的大路。当然，也只有这样，你才能不被生活中的挫折和困惑打败，才能懂得生活的真谛。

如果我们能够换一种眼光来看问题，就能让我们的心胸更加开阔，不拘泥于眼前的事物。当我们刚刚进入社会而心存一丝恐惧与不安的时候，我们应该把这看成对我们进入社会的第一次考验；而当我们做成功某件事情后，我们千万不要得意忘形。

还有这样一个故事。

在一个飞机场里，因为天气的缘故，已经有很多航班被延误，准备等到大雾散去之后再起飞。但是等到天气好转的时候，人们发现信号塔的负责人却并不在里面待命，他因为有事出去了。

眼看着拥挤的人群和等待信号的飞机，大家心急如焚。但是信号塔只有等负责人到了才能发出起飞信号，要是别人擅自发出信号就会受到惩罚，甚至会丢掉工作。话务员看到大家束手无策的样子，鼓起勇气走到了信号发射器跟前，按下了起飞信号的按钮，大家都被他的举动吓了一跳，但看到飞机缓缓起飞，也不由得松了一口气，却也开始为这个大胆的话务员担心起来。

和大家所担心的不同，这个话务员并没有受到任何的惩罚，反而还因为果断而受到了嘉奖。因为他不是一味地等待负责人到来，而是另辟蹊径，找到了更有效的解决办法。

换一种立场看问题，从不同的方向寻找出路，你就会明白，生活中是幸福还是痛苦，都取决于人的一种心境，换一种立场看问题，你就会从容坦然地面对生活。

哥伦布为横越大西洋精心筹划了18个春秋。期间，他被人认为是愚蠢的空想家，受尽他人的嘲笑和奚落。

经过无数次辩论和游说，他的真诚和信念终于感动了西班牙国王和王后。他们赐予了哥伦布远航的船只，希望他成功地渡过大西洋。哥伦布不负众望，成功地渡过了大西洋并发现了美洲大陆。

当哥伦布凯旋的时候，举国上下一片欢腾，人们对哥伦布崇拜至极。国王和王后在宫廷里设宴款待他，异常兴奋地向他询问航海过程中遇到的奇闻逸事。

哥伦布受到人们崇拜的同时也因荣耀遭到了很多人的妒忌，他们不屑地说：“不就是一个爱做白日梦的穷水手吗？只要有足够大的船只，横渡大西洋有什么了不起的？”听了别人的议论，哥伦布并没有恼怒。

他从容地站起来，高声对大家说："如果你们有兴趣，我想邀请在座的各位做一个很简单的游戏。谁能够把一个鸡蛋立起来，我就将我所有的荣誉无条件地交给他。"

每个人都想尽办法努力把鸡蛋立起来，但是结果都失败了。最后，大家一致认为这是办不到的事情。

这时，只见哥伦布顺手拿起一个鸡蛋，把尖端往桌上轻轻磕了一下，鸡蛋就稳稳地站住了。哥伦布表情严肃地说："你们说做不到，但是我做到了。这件事情非常简单，你们知道应该怎么做之后，谁都能做到。只是，最关键的是谁先想到。"

智慧箴言

在我们身边，每时每刻都充满了创造奇迹的机会。将鸡蛋立起来是件很简单的事情，但是在知道方法之前人们却一直认为这是不可能的，"关键在于谁先想到"，考虑在先的人才有可能成为"哥伦布"。

打好手中的牌

/

机会对于不能利用它的人又有什么用呢?
正如风只对于能利用它的人才是动力。

——西蒙

/

“社会有不公平现象，你先不要想去改造它，只能先适应它，因为你管不了它。”这句话对刚毕业不久的大学生来说非常有意义。当毕业时的激情、梦想、抱负被现实打击得早已毫无踪迹的时候，就会觉得自己活得很失败，生活中一下子没有了目标、没有了方向!

要想让那些不公平的现象尽量少地在自己身上出现，我们只有先去改变自己。因为那些所谓的“不公平现象”是客观存在的，是我们无法改变的。我们能改变的只有我们自己，只有自己的心态、观念、价值观改变了，我们才能更好地从另一个角度去认识这个世界。

卡尔是一个非常喜欢小动物的人，他的太太也和他一样对小动物充满了爱心。两个人在家里养了三只小狗，两只贵宾犬，还有一只是哈士奇。这其中，卡尔对那只哈士奇尤其钟爱，因为它不仅长得威武，而且非常尽职尽责地看护庭院。每次有陌生人上门，或者有人从门口经过，哈士奇都会警觉地竖起耳朵，用敏锐的目光注视着他。一旦发现异常情况，它就会狂吠起来，引起主人卡尔夫妇的注意。

每次从外面买了狗粮回来，卡尔都会特意给哈士奇带两根骨头。太太笑着说："你对它这么偏爱，难道你以为它会注意到吗？"

卡尔说："每次我回家，哈士奇都会飞快地跑过来扑进我的怀里，然后在我的脚边摇着尾巴绕来绕去。不管我去做什么，它都会跟在我身后，开心地摇晃着尾巴。这些难道不能说明它知道我对它的爱护吗？"

太太听了，便笑着说："但愿如此吧！"

有一个周末，卡尔要去拜访一个好友。他居住的地方离卡尔家不远，所以他穿上外套和妻子打了招呼便随意地走了出去。可他没走出去多远，天上就下起了大雨。

突然遭逢大雨，让卡尔措手不及。他比较了一下，此时离朋友家的距离要比离自己家近，所以他在雨中飞快地向朋友家奔跑而去。

被雨淋得像落汤鸡一样的卡尔来到朋友家，虽然引来大家一阵嘲笑，但朋友还是很快就找出了衣服给他换上。卡尔来的时候穿的是一件黑色的西服，而朋友为他提供的却是一件白色的夹克。不过卡尔非常感激朋友的照顾，为了避免感冒，立刻换掉了自己身上的湿衣服。

在朋友家愉快地交谈了一下午，并吃过了丰盛的晚餐，卡尔准备告辞回家。可是他的湿衣服还没有晾干，卡尔说："这可怎么办，我没有衣服穿回去了。"

朋友笑着说："没有关系，卡尔。你就穿着我的夹克回家去吧，等到衣服晾干了你再来取走。"

卡尔不好意思地说："那实在太感谢了，我还真不想穿着湿衣服回家去呢！"

告别了朋友，卡尔沿着来时的路愉快地朝家里走去。夜色已经掩盖了整座城市，他远远地看到自家的窗户里已经亮起了灯，哈士奇正趴在门口等他回家。

卡尔开心地小跑起来，他以为哈士奇会像往常一样飞奔到自己的怀里，然后摇晃着尾巴表示欢迎。但这一次，哈士奇却没有这么做，它警觉地竖起耳朵，看着朝自己跑过来的那个黑影，然后立刻站起来朝着卡尔狂吠。

小狗充满了警告性的叫声让卡尔非常诧异，因为这只哈士奇从来没有用这种声音朝自己叫过。多年养狗的经验告诉他，这种叫声所包含的意思是：我警告你，这里是我的地盘，你要是再靠近我可就不客气了！

卡尔停下脚步，站在院门口远远地看着哈士奇疯狂地叫着，想起妻子曾经说过"它是否理解你的关爱"，顿时心里充满了愤怒——这只可恶的狗，我平时对它那么好，暗中给它那么多好吃的，可它居然像对待敌人一样朝我狂叫，真是没良心啊！

卡尔的太太听到狗叫的声音打开门一看，是自己的丈夫回来了，忙喝止哈士奇的叫声。哈士奇这才不再叫唤，等卡尔走进灯光照射的范围，它也看清了原来是自己的主人。于是它又像往常一样开心地朝卡尔跑过去，想要扑进他的怀里。

而这一次，卡尔没有像往常一样抱住它，而是一脚狠狠地踹在哈士奇的身上。受到突然袭击的小狗委屈地躲在一边，用疑惑的眼神看着自己的主人，似乎是在说：我做错什么了吗？主人为什么要打我！

太太大吃一惊，卡尔从来没有像这样打过小狗。而卡尔的怒气却还没有就此结束，他拿起一根棍子，又朝哈士奇的身上抽打过去。太太忙拉住他问："亲爱的，你怎么了？谁惹你这么生气？为什么要打它？"

卡尔愤怒地说："这只恶狗，我养它这么多年，刚才它居然想要咬我！"

听到这话，卡尔的太太生气地夺下他手中的棍子说："那你又想过它为什么要咬你吗？你看看你自己，早上出门的时候是黑西装，晚上回来是白夹克。而且又从黑暗处跑了过来，小狗怎么会不叫呢？它只是按照你的教导尽到自己的职责而已，变化的人是你，你怎么还要责怪它呢？"卡尔这才恍然大悟，惭愧地将小狗抱在怀里，抚摸着它，一个劲地说"对不起"。

世界变化万端，谁都有可能被人误会，也可能误会别人，如果你有良好的心态，任何误会都可以化解。如果把我们的一生当作一场牌局，那么好牌和坏牌都可能出现，谁也不会永远都占据在潮头上。当我们跌落暂时的低谷时，不必沮丧，因为这正是一个重新审视自己的机会，让自己通过反省来得到进一步的成功。

桑贾伊是一个从印度来到美国读书的留学生，在经过了多年的努力之后，他终于取得了留美博士的头衔。本来以为有了这一个学历，要去找一份工作是非常简单的事。但桑贾伊却发现，工作机会远没有自己所想的那么多。他不断投递自己的简历到各个公司去，却很少接到面试的通知。

有朋友劝桑贾伊说："也许你应该找另外一条道路去尝试。"

可是，桑贾伊左思右想却不知道自己该从哪儿下手。自己的专业是计算机，而学历已经达到博士，这么好的专业、这么高的学历却接连碰壁，简直让他失去了生活的信心。万般无奈之下，桑贾伊决定：既然博士找不到工作，那我就换一个身份去找工作吧。

很快，桑贾伊就将自己的简历做了修改，他删除了其中关于学历的部分，只以一个普通求职者的身份投递了简历。不久之后，他果然接到了一个面试通知，不过这只是一个程序录入员工作，相对于桑贾伊本身的学识来说实在是太简单了。

朋友们都笑话他说："桑贾伊，难道你这么多年的书白读了吗？就算不读博士也可以完成这份工作，你不觉得自己去做程序录入员太浪费了吗？"

可是桑贾伊却摇摇头，笑着说："没关系，我会证明自己的价值。"

就算稍微有一些学历的人都不愿意去做的低级工作，桑贾伊却做得非常愉快。每天，他都兢兢业业地对待自己的工作，连最简单的部分都做得一丝不苟。有一次，在录入程序的时候，桑贾伊发现其中存在一些错误。于是他找到经理，告诉他："先生，我想这里面可能有一些小小的失误。"

经理仔细看了看，果然有一部分程序被写错了。他感到非常诧异，因为一般的录入员只会简单地将程序抄录而已，桑贾伊却能看出其中的错误，这绝非一般人可比。

于是，经理问："桑贾伊，我看你的能力已经超出了录入员的水平，你学习过其他的东西吗？"

桑贾伊掏出自己的学士学位证，笑着说："我曾经学习过一些计算机常识，也许它帮助了我的工作，让我可以辨认出其中的错误。"

经理感到非常欣喜，很快就将桑贾伊提升到更为高级的职位，让他的能力可以得到更大限度的发挥。在新职位做了一段时间，桑贾伊针对公司的业务提出了很多非常有价值的建议。这又引起了经理的注意，这个年轻人远比那些大学毕业生要高明。于是桑贾伊又拿出了自己的硕士学位证，获得了第二次提升。

这两次提升之后，桑贾伊已经成为经理重点关注的对象，因为这个年轻人总是给他惊喜，让他觉得桑贾伊身上似乎还蕴藏着更大的能量。经理将桑贾伊推荐给总裁，而总裁也认为桑贾伊的学识与能力远超一般的硕士生水平，在计算机专业知识上他显得更具广度和深度。

于是，总裁找到桑贾伊，希望可以更了解这个年轻人。而桑贾伊也抓住机会，掏出了自己的博士学位证书。总裁非常诧异地问："年轻人，你既然是一个博士，为什么隐藏自己的身份去做一个低级的录入员的工作呢？"

直到这时，桑贾伊才说出了自己这么做的原因："当我以博士身份找工作的时候，人们因为我的学历过高而拒绝我，让我失去了展示自己能力的机会。所以，我索性从最基层做起，证明自己不仅有高学历而且还有与之匹配的能力。事实证明，我这么做是对的，如果我当初一直不肯放下身价，以博士自居，总是要求别人尊重我的学历，只愿意去做与博士身份匹配的工作，那说不定我到现在都找不到工作。"

总裁听了桑贾伊这番话，恍然大悟，他赞叹道："你的能力其实已经远远超越了别的博士，因为你具有比他们更好的心态。"

桑贾伊在这家公司得到了前所未有的重用，而他的那些博士同学却还有好几个没有找到工作。

将自己的身价放低，甚至让别人看不起自己，和夸耀自己的成就相比，是一件更不易做到的事。因为这要求你首先具有良好的心态，能够接受远低于你的能力的对待。但这么做却可以为你带来脱颖而出的机会，因为期望值不高，反而更易获得惊喜和满足。只要获得展示机会，又何愁不能释放出自己的光彩呢！

不断追求前进，也是不断追求一个全新的自我，是对自我的重新塑造。这一阶段最重要的是态度，一个积极的态度可以引导我们面对挫折，而消极的态度则会让我们逃避责任。

你也许听过兰迪·波许的故事。

美国卡耐基－梅隆大学计算机系教授兰迪·波许在2007年9月18日发表过一篇著名的演讲，标题是《最后的演讲》。在这次感人肺腑的演讲中，他回忆了自己的一生。当他在10个月之后因为肺癌而去世时，大家更加钦佩这位教授令人尊敬的生命历程。

1982年，兰迪·波许从布朗大学计算机科学系毕业，成绩优异，他通过继续努力，于1988年又获得了卡耐基－梅隆大学的博士学位。毕业后，兰迪·波许投身于“人与计算机交互”课程的研究，在此后的10年里，他成为这一领域的先驱，发表了五本著作和六十多篇文章。

2006年夏天，兰迪·波许发现自己身体出现了变化，医生告诉他，他所得的是“癌中之王”——胰腺癌。这是一种存活率最低的癌症。而当时，兰迪·波许的孩子最大的只有4岁，最小的才3个月。

此后，兰迪·波许接受了手术治疗，这让他的胃只留下1/3，小肠只有几英寸，胰腺只有1/3。巨大的身体变故让他的体重从180多磅变成了130多磅，连走路都成了问题。

兰迪·波许坚持了一年，到2007年时，医生告诉他，最后的时刻已经快要到来了，癌症复发并转移，也许他只有3～6个月的生命。10月份，他发表了那篇著名的演讲——《最后的演讲》。

作为美国大学的传统，“最后的演讲”是让每个教授发表自己即将离开人世时最想说的话。兰迪·波许的演讲无疑是最震撼人心的。他非常幽默，丝毫没有因为死亡而感到悲伤，他不谈论癌症，不谈论死亡，也不谈论宗教和灵魂，他说的最多的是自己的梦想，以及那些实现梦想的过程。人们在兰迪·波许最后的时刻感受到了他对生命的热爱。

兰迪·波许这样解读生命：“你不能改变手中的牌，但你可以决定怎么玩。”在实现梦想的过程中，他发现必须要有真本事才能有所作为，也发现打败挫折并不需要什么诀窍，而只需要坚定地相信自己的梦想。他告诫人们学习帮助别人，督促大家不要丢掉自己的好奇心，而且永远都要保持着坚韧和忠诚。他说：“所谓的幸运，有时真的是机会和准备的结合。”

兰迪·波许离开了他热爱的这个世界，但是他面对死亡的时候是那么从容，他的乐观与豁达让每个人都备受鼓舞，他让我们知道，死亡是人人都要面对的，死亡并不可怕，可怕的是人知道了自己将死时所经历的那段复杂的心理过程。

智慧箴言

当我们面对各种困难的时候，可能一开始并不知道如何去应付，这个时候不如让我们换个方式，从另外一个角度来分析这个问题，这样可能会得到一个意想不到的解决方案，从而让问题迎刃而解。

学会换个角度看问题

成功的秘诀，
在于把自己的脚放入他人的鞋子里，
进而用他人的角度来考虑事物，
服务就是这样的精神，
站在客人的立场去看整个世界。

——亨利·福特

一个人的一生过得是否幸福，也许不同的人会有不同的看法，而最为关键的因素就是如何选择。如果选择了反面，就只能是眉头紧锁、郁郁寡欢，永远都是一个失败者；而选择正面，生活中就充满了乐观和自信，我们也将成为一个快乐的生活者。

从前有个秀才，千里迢迢来到京城应考，以期金榜题名、光宗耀祖。考试的前几天，秀才做了一个梦，梦见自己在屋顶上种白菜。后来，画面一转，天空下起了雨，秀才看见梦中的自己举着一把伞，伞下竟然还露出了他戴着的斗笠。清早醒来后，秀才惴惴不安，总觉得这个梦预示着什么，而且还应该与他的考试有关。思来想去，他觉得还是找个算命的讲解一下比较好。

算命先生听了他的描述，捋捋胡须，高深莫测地说：“你还是别去应考了，早早回家去吧！”秀才听了，心一沉，马上请求算命先生细细说来。算命先生说：“你在屋顶上种白菜，那里又没有土，岂不是白费劲？打伞了还戴斗笠，岂不是多此一举？所以说，今年你的应考一定是徒劳啊！”

秀才失魂落魄地回到客栈，机械地收拾东西，准备结账离开。客栈老板见了，忙问原因，听完之后，他哈哈大笑：“读书人啊，你这是要高中啊！你看，屋顶上种白菜，岂不是正应了‘高中’！而戴斗笠打伞，那就更说明你有备无患啊！”秀才一听，豁然开朗，谢过老板之后便一心一意备考。揭榜的那天，秀才的名字果然赫然在目，高中探花。秀才虽然迷信，但还是在客栈老板的点拨下，及时调整了自己的情绪和心态，学会了从另外一个角度积极地看问题，最终获得了成功。

一个人如果总是从负面看问题，就会产生悲观的心理，而这种悲观的心态肯定会成为阻碍你前进的绊脚石。要想克服这种不良的心态，我们就要学会换个角度看问题，因为任何事情都是有利有弊的。同一个问题或者事情，如果我们能够从好的方面去看，也许就会有一个意想不到的结果。

里昂美术学院是法国最负盛名的艺术类院校，要想进入这里学习，必须具有非凡的艺术天分。因此，这里的每一个学生都非常优秀。

伊莎贝拉和埃菲尔正是从这所学校设计系毕业的优等生，她们两个踌躇满志，等待着毕业之后可以一展拳脚。但谁料毕业之后的境况却令她们顿时陷入了困境，因为求职的人过多，她们心仪的公司和职位早就人满为患了。

眼看时间一点一点流逝，埃菲尔忽然告诉伊莎贝拉：“我要去巴黎了。”

伊莎贝拉忙问：“你要去那里求职吗？”

埃菲尔很不好意思地说：“不，我的母亲在巴黎一家著名的时尚杂志担任主编，所以我要去她的杂志社工作了。”

虽然埃菲尔是因为她的母亲才获得这个职位，但在找不到工作的同学眼里这依然是令人羡慕的。埃菲尔很快就走了，在那本著名的杂志上也出现了她的名字和她的作品。

当伊莎贝拉看到埃菲尔的插画出现的时候，心里顿时感到酸溜溜的。她面带愤恨地对同学说：“埃菲尔的才华远不及我，为什么她能获得这样好的机会？这真的不公平。”同学安慰伊莎贝拉说：“不用担心，你也会有机会展示自己的。”然而，这些安慰却没能让伊莎贝拉放开心结，她心中对于埃菲尔的妒恨越来越重，以至于不管碰到谁都会说一通对于埃菲尔的不屑。同学和朋友也都慢慢看不惯伊莎贝拉的这种行为，大家开始疏远她，没有人再愿意听她对命运的抱怨和对埃菲尔的妒忌。

随着时间的推移，大多数人都找到了适合的工作，开始了新的人生旅程。然而伊莎贝拉却一直没有得到一份好工作，虽然也有艺术机构对她挥动橄榄枝，却遭到伊莎贝拉的拒绝。有朋友感到大惑不解，问她：“你现在最需要的就是一份工作，为什么不肯接受别人的邀请呢？

要知道那可是大多数人梦寐以求的大公司呀！”

伊莎贝拉紧皱着眉头说：“虽然那家公司是不错，但我不想去。埃菲尔的能力不如我，却可以进入那么好的时尚杂志，让那么多的人看到她的插画。我为什么就不能找到一家更好的公司呢？”怀抱着这种想法，伊莎贝拉一直坚持找一份好过埃菲尔的工作。但这个愿望要实现起来却非常难，以至于一年多过去了，有很多同学都已经做出了自己的成绩，她还在找工作。

埃菲尔因为获得了好的平台，可以接触到最前沿的时尚资讯，作品的水准得到了大幅度提升。她所在的时尚杂志发行量很大，所以埃菲尔的作品有机会被很多人欣赏，知名度也越来越高了。同学们都纷纷祝贺埃菲尔，只有伊莎贝拉一直不肯表示，就算是埃菲尔给她打来电话，她也总是冷漠地挂掉。

两年过去了，埃菲尔的个人画展在巴黎举办，她热情地邀请大学时代的好友前去参观，伊莎贝拉也在其中。她虽然非常不乐意，但拗不过埃菲尔，只好勉为其难地来到展馆。

原本怀着挑剔的心态来到展馆，但当伊莎贝拉看到埃菲尔挂在墙上的作品时，顿时惊呆了！那些画充满了灵气，传达着最新的时尚理念，绘画的手法也和大学时代大不相同，每一幅作品都让伊莎贝拉感到非常震惊。

回到家中，伊莎贝拉展开自己的作品，发现它们还停滞在以前的水平，已经远远追不上自己一向看不起的埃菲尔了。这些年来，自己只顾着抱怨生活的不公，只顾着妒忌埃菲尔，完全忘记了自己的前景。伊莎贝拉想到这些，痛苦地将所有的画都付之一炬，她决定从今天起要抛弃那些抱怨，重新开始新的生活。

接下来的日子里，同学们都失去了伊莎贝拉的消息。她找了一个很小的美术机构，开始了自己的涅槃之旅。在这里虽然做着很简单的工作，可伊莎贝拉却全情投入。她忘记了埃菲尔，忘记了生活的不公，也忘记抱怨自己的坎坷，只顾埋头在绘画室里创作。当她偶尔想起埃菲尔的时候，时间已经过去了两年。

伊莎贝拉的画作逐渐在美术界引起了注意，很多评论家认为她是一个很有潜力的未来之星。作为新兴画家，伊莎贝拉受邀举办画展。

当记者问她："您是如何迅速崛起成为新星的？"伊莎贝拉笑着说："我只是抛弃了对生活的抱怨而已。"

生活对待每个人都有不公的一面，但如果将全部的精神都放在对它的抱怨上，你会发现自己失去得更多。这时候，如果我们换个角度，抛弃抱怨，那么一定能看清自己的路，让阳光重返你的内心。

智慧箴言

同一件事情，我们完全可以站在不同的角度来分析，这样得到的答案自然也不一样。所以，无论在什么情况下，遇到什么事情，一定要记得转变思路，以积极的心态来看待和处理问题。

情商高就是会说话会办事

版式设计：蒋碧君
文字编辑：于海清
美术编辑：罗筱玲